남편보다
월세통장이
더좋아

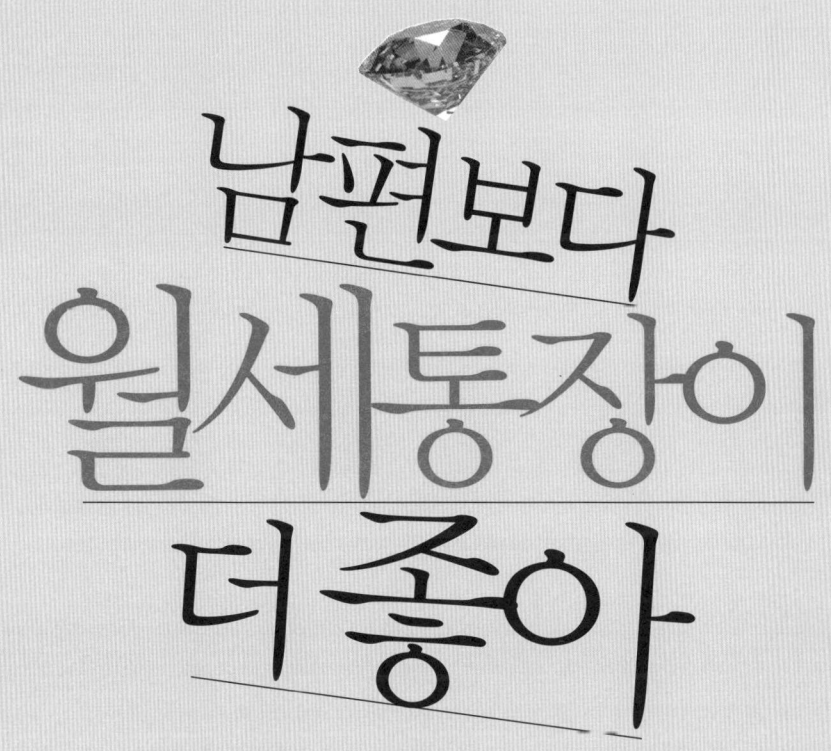

남편보다 월세통장이 더 좋아

2000만 원으로 시작하는 부동산 투자 김종선 지음

비전코리아

여자, 경제적 완전체로
거듭나라

세상을 구성하는 절반의 성별, 여성. 그럼에도 불구하고 여성의 경제적 독립은 남성에 비해 아직 미약한 실정이다. 더욱이 기혼 여성은 경제적 미래의 상당 부분을 배우자에게 기대고 있는 것이 사실이다. 결혼하고 출산·양육하는 과정에서 자의적으로 혹은 타의적으로 사회생활에서 탈락한 것이 가장 큰 원인이지만, 미래에 대한 경제적 준비가 부족하다는 사실에는 변명의 여지가 없다. 과거처럼 아끼고 절약하는 것만으로는 충분하지 않다. 이제는 여성도 미래에 대한 준비를 확실히 해두어야 하는 시점이 되었다.

　　실존주의 철학자인 키에르케고르(Søren Aabye Kierkegaard)는 그의 유명한 저서 《죽음에 이르는 병》에서 인간을 가리켜 신 앞의 단독자라고 설파한 바 있다. 필자는 이에 빗대 여성을 '돈 앞의 단독자'라고 말하고 싶다. 그 누구도 자기 자신의 미래를 대신 준비해줄 수 없기 때문이다. 아무리 가까운 배우자나 자녀라고 해도 마찬가지다. 반드시 기억하라! 가혹하게 들릴지 모르지만, 스스로 온전하게 경제적 준비를 하지 않는다면 어머니이자 아내이면서 딸이고 누나이자 여동생이라 할지라도 본질적인 측면에서 경제적 타인인 가족에게 경제적 부담을 주는 존재로 전락할 수 있다는 사실을.

우리가 살고 있는 대한민국의 경제체제는 자본주의다. 단순하게 풀이하면 돈이 중심이 되는 사회라는 뜻이다. 이런 엄청난 사회에 살고 있으면서도 의외로 많은 여성이 돈이 없어도 얼마든지 아름답고 풍요롭게 영위할 수 있다고 착각하는 것 같다. 만약 지금 이 책을 읽고 있는 여성 가운데 '대한민국은 돈이 없어도 충분히 아름답게 살아갈 수 있는 나라'라고 생각하는 사람이 있다면 지금 당장 이 책을 내려놓기 바란다. 적어도 그런 분들에게는 필자의 주장이 자녀와 배우자를 믿지 못하게 하고, 쓸데없는 걱정만 유발하는 협잡꾼의 감언이설로밖에 들리지 않을 것이기 때문이다. 반대로 경제적 주체로 당당히 맞서겠다는 의지가 있는 여성, 수많은 인생의 굴곡 앞에서 미래를 대비해야 할 필요성을 절감하고 있는 여성이라면 이 책을 끝까지 읽어두기 바란다.

대한민국의 경제는 확실히 여성의 손에 달려 있다. 절대인구의 감소, 고령인구의 폭발적 증가현상이 예상되는 이 시점에 여성의 사회진출이 확대되고 여성의 경제적 파워가 강화되지 않는 이상 대한민국은 또 다른 도약을 꿈꿀 수 없다. 따라서 여성들은 단지 자신들의 편안한 노후나 경제적 풍요로움 때문만이 아니라 대한민국의 또 다른 도약을 위해서라도 몇 배, 몇십 배의 노력을 기울여 경제독립을 달성해야 한다.

글로벌 금융위기 이후 오랜 기간 대한민국 부동산 시장, 특히 주택시장은 적지 않은 시세하락을 경험했다. 이는 그동안 우려해왔던 거품이 상당 부분 제거되었다는 뜻이기도 하다. 물론 그렇다고 해서 추가적인 부동산 가격하락의 위험이 완전히 제거되었다고는 단정할 수 없다. 그럼에도 불구하고 필자는 대한민국 여성들에게 이제 부동산을 통해 경제적 완전체로 진화할 것을 권하고 싶다. 시세차익이 아닌 임대수익에 초점을 맞춘다면 안정적인 경제적 미래를 꿈꿀 수 있으리라 믿기 때문이다.

단, 부동산에 초점을 맞추라고 했다고 해서 어떤 부동산이든 일단 구입하고 보자는 식으로 생각해서는 곤란하다. 구입해도 좋은 부동산이 있고 그렇지 않은 부동산도 있기 때문이다. 그래서 향후 대한민국 부동산 시장이 어떤 방향으로 어떻게 변화해나갈지를 숙지하는 과정이 반드시 필요하다.

그다음으로 평균적으로 남성에 비해 여성이 부동산에 친화적인 존재라는 사실을 자각하고 부동산에 대한 내공을 키워가야 한다. 단단한 내공을 갖추면 작은 시세변동에 일희일비하다가 제풀에 못이겨 손실을 보는 우를 범하지 않을 수 있다. 여기까지 준비가 되었다면 이제 각자의 자금 사정에 맞춰 현금흐름을 창출할 수 있는 투자 프로젝트를 찾으면 된다. 아무리 철저하게 준비하고 또, 확실하고 안정적인 수익이 보장되는 프로젝트라 할지라도 자신의 투자예산에 부합하지 않으면 아무런 의미가 없기 때문이다. 이 책에 제시한 다양한 투자 트렌드, 투자 프로젝트가 이러한 부분에서 큰 도움을 줄 수 있을 것이다.

지금 같은 시기에 부동산을 구입한다는 게 얼핏 무모한 행동처럼 보일 수도 있다. 실제로 지금 당장 성급하게 부동산을 구입한다면 그게 누가 되었든 다양한 부정적 요소를 홀로 극복해야만 할 것이다. 부동산 시장 침체기에는 부동산을 구입하는 행동 자체를 무모한 도전으로 받아들이는 인식이 강하기 때문이다. 하지만 도전이 없으면 성취도 없다는 불변의 진리를 기억해야 한다. 제대로 알고 제대로 실천하면 위험요소를 미연에 방지할 수 있다. 괜히 두려워할 필요가 없는 것이다.

부디 대한민국 여성들이 이 책을 통해 스스로를 튼튼한 경제적 반석 위에 올려놓기를 바란다. 경제적 완전체로 거듭나기 위한 고독한 전쟁을 피하지 않는다면, 누구나 승리할 수 있다. 이제 경제적 안정을 쟁취하기 위한 당신만의 대장정이 시작되었다.

C·O·N·T·E·N·T·S

월세 부자 되기 Q & A

1부

경제력 있는 여자가
아름답다

인구의 절반 여자,
미래를 준비하라

「2010년 인구주택총조사」 결과에 따르면 우리나라의 전체인구는 4,799만 1천 명으로 2005년에 비해 2.0% 증가한 것으로 나타났으며 이 가운데 여성인구는 전체인구의 50.3%에 해당하는 2,415만 명인 것으로 나타났다. 남성인구는 1.6% 증가한 반면 여성인구는 2.4% 증가한 데 따른 결과이다. 이는 2005년 이후 본격적으로 여성인구가 남성인구를 압도하고 있다는 것으로 상당한 의미를 지닌다.

비교기간을 2000년으로 좀 더 길게 잡으면 여성인구의 증가 현상이 크게 두드러진다는 사실을 보다 분명하게 확인할 수 있다. 자, 그렇다면 얼마나 여성인구 증가현상이 두드러졌는지 2000년 ~2010년에 걸친 「인구주택총조사」를 기준으로 살펴보도록 하자.

[표 1-1] **여성인구**¹⁾ **추이**

(단위: 천 명, %)

	총인구	증가율²⁾	여성	구성비	증가율²⁾	남성	구성비	증가율²⁾
1980	37,407	7.9	18,658	49.9	8.3	18,749	50.1	7.5
1990	43,390	7.3	21,619	49.8	7.1	21,771	50.2	7.6
2000	45,985	3.2	22,917	49.8	3.2	23,068	50.2	3.2
2005	47,041	2.3	23,576	50.1	2.9	23,466	49.9	1.7
2010	47,991	2.0	24,150	50.3	2.4	23,841	49.7	1.6

자료: 통계청, 「인구주택총조사」각 년도, 「2010 인구주택총조사 전수집계 결과(인구부문)」
주: 1) 연령미상 포함 2) 5년 전 대비 증가율임

「인구주택총조사」에 따른 2000년의 여성인구는 전체인구의 49.8%인 2,291만 7천 명이었다. 여전히 전체인구의 과반수 이상은 남성이었던 것이다. 그러나 남성이 전체인구의 과반을 넘는 수적 우위 현상은 2005년에 종말을 맞았다. 남성인구가 전체인구의 49.9%인 2,346만 6천 명에 그친 데 비해 여성인구는 전체인구의 50.1%인 2,357만 6천 명으로 나타났기 때문이다. 그런데 2010년에는 2005년에서 한 발 더 나아가 여성인구가 전체인구의 50.3%인 2,415만 명으로 늘어났다. 2005년에 비해 여성인구의 비중이 커지면서 격차가 확대된 것이다. 이 같은 현상은 10년 동안 여성인구는 5.4% 증가한데 비해 남성 인구는 3.3% 증가하는 데 그친 결과이다. 이처럼 여성인구가 남성인구에 비해 증가하고 있는 가장 큰 원인은 사망률의 차이와 더불어 평균수명의 차이에서 찾을 수 있다.

실제로 각종 통계를 살펴보면 40대 이후부터 여성사망률 대비 남성사망률의 증가폭이 두드러지게 높아지고 있음을 알 수 있다. 이 여파로 50대 이후의 여성인구가 50대 이후의 남성인구보다 많아지

는 현상이 나타나고 있다. 한편, 기대수명도 여성인구 증가가 남성

인구 증가에 비해 두드러지는 현상을 설명하는 한 요인이 될 수 있

다. 2009년 기준 여성의 기대수명은 83.8년인 반면 남성의 기대수명

은 77년이라는 점을 감안할 때 평균적으로 여성이 6.8년 더 오래 산

다는 계산이 가능해진다.

자, 이쯤 되면 한 가지 궁금증이 생길 것이다. '여성인구가 남성

인구에 비해 증가폭이 두드러지고 있다면 증가하는 여성인구 가운

데 어떤 연령계층이 가장 큰 비중을 차지하고 있을까?' 하는 의문이

바로 그것이다.

눈치 빠른 독자라면 이미 알아챘을 수도 있겠지만 전체 여성인

구 가운데 가장 높은 비중을 차지하고 있는 연령계층은 60세 이상이

다. 전체 여성인구의 18.0%를 차지하고 있기 때문이다. 1990년에는

전체 여성인구의 9.3%를 차지했지만 20년 만에 약 두 배 정도 증가

[표 1-2] **연령별 여성인구**

(단위: 천 명, %)

		계1)	0~9세	10~19세	20~29세	30~39세	40~49세	50~59세	60세 이상
	1990	21,678	3,416	4,119	4,275	3,618	2,300	1,877	2,014
	2000	22,917	3,102	3,227	3,860	4,094	3,423	2,174	3,037
	2010	24,150	2,228	3,130	3,166	3,868	4,089	3,316	4,352
	구성비	(100.0)	(9.2)	(13.0)	(13.1)	(16.0)	(16.9)	(13.7)	(18.0)
	1990	21,771	3,726	4,322	4,455	3,791	2,416	1,756	1,306
	2000	23,068	3,473	3,529	4,086	4,186	3,526	2,145	2,124
	2010	23,841	2,386	3,481	3,428	3,927	4,116	3,249	3,255
	구성비	(100.0)	(10.0)	(14.6)	(14.4)	(16.5)	(17.3)	(13.6)	(13.7)

자료 : 통계청, 「인구주택총조사」 각 년도, 「2010 인구주택총조사 전수집계 결과(인구부문)」
주: 1) 연령미상 포함

한 데 힘입은 결과이다. 그다음으로 16.9%인 40대, 16.0%인 30대의 순서이다. 이 같은 수치를 살펴보면 왜 여성이 은퇴 이후의 삶에 관심을 가져야 하는지를 보다 분명하게 확인할 수 있다. 사실 우리나라는 전체적으로 각 개인이나 가구의 노후준비가 부족한 실정이다. 일례로 2012년 10월 28일 호주금융센터(ACFS)가 발표한 「멜버른-머서 글로벌 연금지수」에 따르면 우리나라의 연금지수는 44.7점으로 전체 조사대상 18개국 가운데 16위에 그쳤다. 이처럼 우리나라의 연금체계가 낮은 점수를 받은 원인으로는 국민연금 등 공적연금 가입을 통한 안정적 노후소득 창출 부족, 국민연금 등 공적연금 이외의 개인연금 가입을 통한 노후소득 대비 부족, 저출산·고령화로 인한 노후보장 비용 급증 등을 들 수 있다.

그렇다면 노후준비 문제를 가계가 아닌 여성인구로 그 범위를 좁혀보면 어떨까? 물어볼 필요도 없이 더 심각한 수준이다. 아직까지 대한민국 여성들은 자식과 남편을 중심으로 살아가고 있는 경향을 보인다. 언제까지나 남편과 자식이 함께일 것이라는 착각에 정작 남편 없이 혼자 살아가야 하는 7년의 시간은 간과하고 있는 것이다.

단적인 예를 들어보자. 노후준비의 필요성이 가장 큰 연령계층인 베이비부머 세대의 여성인구는 노후생활을 위한 최소한의 경제적 안전장치인 국민연금 납부실적이 매우 저조하다. 이는 여성인구의 노후준비 문제가 머지않은 미래에 적잖은 사회문제가 될 수 있음을 보여준다. 2011년 11월 국민연금공단이 발표한 국민연금 가입자 현황을 보면 여성 베이비부머 374만 명 가운데 10년 이상 국민연금을 납부한 사람은 전체의 12.8%인 48만 1천 명에 그치고 있는 데다 국민연금을 납부한 적이 없는 여성도 전체의 40%에 달한다.

　이에 비해 남성 베이비부머의 경우 전체 384만 1천 명 가운데 10년 이상 국민연금을 납부한 사람이 전체의 54.3%인 208만 7천 명이고 국민연금을 납부한 적이 없는 경우는 전체의 10.9%인 42만 1천 명에 그치고 있다. 이처럼 여성 베이비부머 세대가 노후를 충분히 준비하지 못한 상태에서 은퇴를 맞이한다면 고령 여성인구 계층의 빈곤화가 심각한 사회문제가 될 것은 불을 보듯 뻔하다.

　게다가 모든 인구 관련 통계자료들은 한결같이 남성인구에 비해 여성인구가 차지하는 비중이 갈수록 커져갈 것이라고 전망하고 있다. 또한 기대수명 측면에서 볼 때 현재 통계로는 여성이 배우자 사망 후 약 7년을 혼자 살아가야 한다지만 다가올 미래에는 이 기간 역시 더 길어질 것이 확실하다. 대한민국 인구의 과반수가 여성인 현실에서 여성들이 준비 없는 은퇴를 해야만 하는 상황에 직면한다면 과연 대한민국 경제는 어떻게 될까? 여성들의 노후준비가 아무리 강조해도 지나치지 않은 사회적 중요 과제인 이유가 여기에 있다.

여성과 임대수익은
찰떡궁합

여성은 대한민국 경제의 절반이다. 당장 경제에 미치는 영향력이 절반인지 그 여부를 따지자는 것이 아니다. 여성인구가 남성인구를 넘어서고 있다는 점에 주목해야 한다는 의미이다. 이런 점에서 볼 때 여성의 경제활동 참가율은 매우 중요한 의미를 갖는다. 소득창출을 위해서는 경제활동 참가가 필수이기 때문이다. 통계청의 「2012년 한국의 사회지표」 자료에 따르면 2012년 우리나라의 경제활동 참가율은 61.3%인 것으로 나타났다. 2010년 대비 0.2%포인트 상승한 수치다. 또한, 「2013년 통계로 보는 여성의 삶」에 나타난 2012년 기준 남성과 여성의 경제 참가율 역시 각각 73.3%, 49.9%로 2011년 대비 0.2%포인트 상승한 것으로 나타났다. 경제활동 참가율이 증

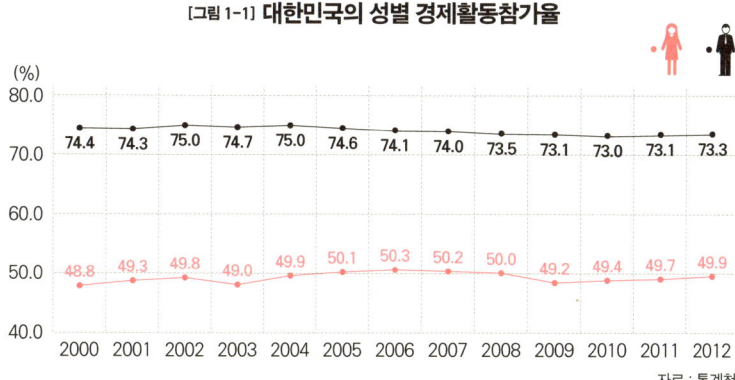

[그림 1-1] 대한민국의 성별 경제활동참가율

자료 : 통계청

가했다는 사실은 경제적인 측면에서 볼 때 일단 긍정적인 변화이다.
그러나 경제활동 참가율을 여성과 남성으로 구분해 살펴보면 이야
기가 달라진다.

2012년 기준 남성의 경제활동 참가율은 73.3%인 데 비해 여성
의 경제 활동참가율은 49.9%에 그치고 있기 때문이다. 무려 23.4%
포인트에 달하는 격차는 여전히 여성의 경제활동 참가가 우리 경제
의 고민거리임을 시사한다. 자, 그럼 여기에서 한 발 더 나아가 여성
의 경제활동 참가와 관련된 문제점들을 하나하나 짚어보도록 하자.
가장 먼저 연령계층별 경제활동 참가율이다.

통계청의 「2013년 통계로 보는 여성의 삶」에 나타난 여성의 연
령별 경제활동 참가율에 따르면 경제활동 참가율이 가장 높은 연령
대는 25세~29세이다. 이 연령계층의 경제활동 참가율은 71.6%인데
지난 2000년에 비하면 무려 15.7%포인트 상승한 결과이다. 그러나
바로 그다음 연령대인 30세~39세의 경제활동 참가율은 56% 수준
에 그치고 있다. 그 원인은 해당 연령대에 결혼과 육아 문제가 대두

되기 때문이다. 결혼과 육아가 여전히 여성의 경제활동에 제약요인이 되고 있음을 보여주는 대목이다. 반면 50세~54세의 경제활동 참가율은 2000년에 비해 7.2%포인트 상승한 62.5%로 나타났다. 육아와 자녀교육 문제에서 해방된 여성들이 본격적으로 경제활동에 참가하고자 하는 욕구가 높아진 결과라고 풀이할 수 있다.

다음으로 교육 정도에 따른 경제활동 참가율을 살펴보면 2012년 현재 남녀 모두 대졸 이상자의 경제활동 참가율이 가장 높은 것으로 나타났다. 교육 수준이 높아지면 경제활동 참가가 보다 용이하다는 사실을 확인할 수 있는 대목이다.

그런데 성·교육 정도별 경제활동 참가율을 남녀로 구분해 살펴보면 대졸 이상인 경우에도 역시 남녀간의 격차가 상당하다는 사실을 확인할 수 있다. 교육이 최우선인 대한민국에서 여전히 성별 차이만으로 경제활동 참가율이 크게 달라진다는 사실은 부끄러운 현실이 아닐 수 없다. 어찌되었든 여성이 경제적으로 보다 건전한 사회인이 되기 위해서는 경제활동 참가율의 제고가 필수적이다. 그런데 대한민국 사회에서 여성의 경제활동 참가율이 남성에 비해 크게 뒤져 있는 가장 큰 원인은 이미 언급한 바와 같이 결혼과 육아 문제이다. 그중에서도 과거에 비해 결혼 때문에 스스로 경제활동 참가를 포기하는 여성이 감소하고 있다는 현실을 감안하면 여성들로 하여금 경력단절이라는 후유증을 감내하도록 강요하는 가장 큰 요인은 출산과 육아 문제라고 할 수 있다. 이는 육아휴직과 관련된 통계에 고스란히 나타난다.

비록 전체 육아휴직 사용자 중 남성이 차지하는 비율이 2003년

1.5%에 그치던 것이 2012년에는 2.8%까지 증가했다고는 하나 여전히 육아휴직을 사용하는 절대다수는 여성이다. 2012년 전체 육아휴직 사용자 수를 살펴보면 여성이 6만 2,281명, 남성은 1,790명에 그치고 있다. 이 사실은 육아 문제가 남성보다 여성의 경제활동에 엄청난 제약요인이 되고 있음을 여실히 보여준다.

결론적으로 결혼과 육아 문제는 주로 여성들의 경력단절을 초래하고 이는 다시 여성들의 경제활동과 이를 통해 유입되는 소득의 감소를 불러일으킨다. 결혼과 육아는 여성의 소득이 남성 소득의 68%(5인 이상 사업체의 여성 월평균임금은 195만 8천 원) 수준에 그치게 만드는 가장 강력한 원인 가운데 하나이다.

다행이 과거와 달리 육아부담에 따른 여성들의 경제활동 포기가 점차 감소세에 있다는 점은 여성의 경제독립 측면에서 보면 긍정적 변화라고 할 수 있다. 이는 육아 문제를 해결하기 위해 정부가 다양한 정책적 시도를 하고 있고 육아가 단지 엄마만의 문제가 아니라 사회 전체가 고민하고 함께 해결해나가야 할 사회적 문제라는 공감대가 형성되고 있는 덕분이다. 여성 월평균임금은 2000년 95만 4천 원에서 2012년 195만 8천 원으로 두 배 이상 증가하였으며, 남성 대비 여성 임금비율 역시 동기간 동안 64.7%에서 68.0%로 상승한 모습을 보면 이러한 변화를 확인할 수 있다.

그러나 위와 같은 긍정적인 변화에도 불구하고 행복한 노후나 준비된 은퇴, 혹은 젊어서 경제독립을 온전히 성취하기를 원하는 여성들은 여전히 피나는 노력을 해야 하는 실정이다. 정부정책이나 사회적 노력만으로는 여성들이 당면하고 있는 경제문제를 모두 해결할 수도 없을뿐더러 설사 일부분 해결이 가능하다 하더라도 나머지 문제들은 결국 여성 스스로 해결해야 하기 때문이다. 이는 곧 여성들이 보다 더 적극적으로 재테크에 나서야 한다는 것을 의미한다.

누차 강조한 바와 같이 평균적으로 여성이 남성에 비해 오래 산다. 그런데 남성에 비해 소득기반은 약하다. 이런 상황에서 여성들이 선택할 수 있는 최선의 카드는 과연 무엇일까? 두말할 필요도 없이 안정적인 수익을 창출할 수 있는 재테크 대상을 찾는 것이다. 여성들이 행복한 노후, 준비된 은퇴, 혹은 젊어서 경제독립을 성취하기 위한 방법으로 월세 부자가 되어야만 하는 이유가 바로 여기에 있다. 임대수익만큼 안전하면서 안정적인 수익을 꾸준히 보장해주는 투자대상이 과연 얼마나 될까?

Power & Beauty ★ 3

여성 친화적 트렌드가
대세다

여성을 마케팅 전면에 내세우는 광고를 접하는 것은 그리 어렵지 않다. 최근 들어 부쩍 여성을 타깃으로 하는 마케팅이 활발해졌다는 사실은 여성파워가 얼마만큼 강력한지를 잘 나타내준다. 이처럼 소비자 마케팅에서 여성이 주요 타깃이 되고 있는 가장 큰 이유는 소비활동에 여성의 결정권과 의견이 매우 중요하게 작용하고 있기 때문이다. 대표적인 예로 여성 운전자의 사고처리와 보상 문제를 돕고 안전운행을 지원하기 위한, 말 그대로 여성에게 특화된 자동차 보험인 동부화재의 '여성안심플랜'을 들 수 있다. 이 상품이 나온 배경에는 여성운전자 천만 명 시대가 도래했으니 여성만을 위한 보다 특화된 자동차보험이 필요하다는 인식이 자리 잡고 있다. 이러한 시대적 흐름을 정확히 짚어낸 덕분에 동부화재의 '여성안심플랜'은 2012년 7월 말 출시 이후 1년 만에 37만 건이 판매되는 대박을 낸 바 있다.

LG전자의 디오스 냉장고 역시 기능만을 중요하게 고려하는 가전제품이 아닌 여성의 감성을 표현하는 인테리어 소품으로 그 기능을 확장한 콘셉트를 강조함으로써 성공한 케이스이다. 이 외에도 다이어트에 큰 부담이 되는 기름지고 두꺼운 미국식 피자를 기피하는 여성 소비자를 겨냥해 기름을 뺀 담백한 수타피자를 출시하는 등 여성 친화적 제품을 끊임없이 내놓는 한편 여성우대 할인 혜택, 여성을 주요 타깃으로 하는 광고활동 등을 하는 미스터피자 역시 여성파워가 얼마나 강력한 이슈로 대두되고 있는지를 단적으로 보여주는 사례라고 할 수 있다.

그런데 동부화재의 '여성 안심플랜'이나 LG전자의 디오스 냉장고, 그리고 미스터 피자 사례만 놓고 보면 다분히 여성들이 선호하는 이른바 여성에게 특화된 제품들에서만 여성파워가 나타나고 있는 것처럼 착각하기 쉬운 것이 사실이다. 그렇다면 과연 여성에게 특화된 상품에서만 여성파워가 나타나고 있는 것일까? 답부터 말하자면 전혀 그렇지 않다. 단적으로 전통적으로 남성을 주요 타깃으로 하는 자동차 시장에서도 여성파워가 현저히 두드러지고 있다는 점만 봐도 여성파워가 말 그대로 전방위에 미치고 있다는 사실을 확인할 수 있다.

그러한 사례는 여러 곳에서 확인할 수 있다. 한국GM의 쉐보레 스파크 '모나코핑크' 모델은 사내 여직원들로 구성된 '여성위원회'

가 제품개발은 물론 마케팅 부분에까지 꼼꼼히 의견을 내서 만들었으며 쌍용자동차의 '스노우드라이빙 스쿨'은 겨울철 눈길 주행이나 험난한 도로 주행에 익숙하지 않은 여성들을 위해 운전기술을 전수하고 있다. 또한 현대자동차는 1 대 1 상담부터 정비 후 차량 전달까지 원스톱 서비스 형태로 제공하는 것은 물론 다과와 독서를 즐길 수 있는 휴식 공간 및 어린이 공간인 '키즈존' 등을 완비한 여성전용 자동차 종합검진센터 '블루미'를 도곡동에 오픈하였다. 또한 기존의 자동차 전시장이 다소 딱딱한 이미지라는 단점을 개선하기 위해 커피와 예술작품이 어우러진 공간으로 디자인한 이색테마 전시장까지 운영하고 있다. 기아자동차 역시 20~40대 여성을 대상으로 '레드 아뜰리에'라는 여성 마케터 그룹을 만들어 자동차 전시장과 서비스센터에 대한 의견을 듣고 제품과 서비스에 이를 반영하고 있다.

금융권에서도 여성파워는 드높다. 금융권을 찾는 고객의 대다수가 여성이기 때문이다. 실제로 은행창구를 찾는 고객의 80%는 여성이다. 뿐만 아니라 부유층이 자주 이용하는 금융권의 PB서비스 역시 이용 고객의 85%가 여성이다. 금융권 입장에서는 여성고객이 곧 큰손인 것이다. 이런 이유로 금융권은 여성들에게 다양한 혜택을 제공하는 상품들을 내놓았고, 또 앞으로도 지속적으로 내놓을 것으로 예상된다. 국민은행은 여성들이 수수료에 민감하다는 사실에 착안해 현금입출금기 이용수수료 면제혜택을 제공하는 한편 예금가입을 추천한 사람이나 추천을 받아 새로 예금을 가입하는 사람들에게도 0.2%포인트의 보너스 금리를 제공하는 '명품여성통장'을 출시했고, 우리은행은 여성고객이 적금가입 기간 중 결혼을 할 경우

보너스 금리를 제공하는 '미인통장'을 출시했다. 또한 기업은행은 남편이 아내의 계좌내역을 볼 수 없도록 하는 '비자금 관리' 기능을 갖춘 '여성시대통장'을 출시한 바 있다. 이러한 여성 친화적 마케팅은 금융권에 불고 있는 여성파워의 강력함을 여실히 보여준다.

자, 이쯤이면 왜 은행들이 여성 금융고객의 입맛에 맞는 상품을 앞다투어 내놓는지 궁금할 것이다. 이유는 의외로 간단하다. 가정에서 주부의 목소리가 점차 커지고 있기 때문이다. 가정에서의 소비주체는 대부분 여성이다. 여기에 덧붙여 소비력이 왕성한 여성 싱글족이 늘고 있는 것도 한 요인이라고 할 수 있다.

여성파워가 커지면 커질수록 여성 친화적 트렌드는 제품이나 서비스를 넘어 재테크 분야에까지 보편화될 것이 분명하다. 이로 인해 금융을 넘어 주식, 부동산 시장에서도 여성트렌드가 큰돈이 되는 시대가 도래할 것이다. 어느 시대를 막론하고 그 시대별로 돈이 되는 트렌드가 형성되었고 그 트렌드에 부합하는 경제적 의사결정을 한 사람들만이 경제적으로 부족함이 없는 인생을 살았다.

그렇다면 과연 지금 이 시점에 돈이 되는 가장 확실한 트렌드는 무엇일까? 두말할 필요도 없이 여성파워에 기초한 '여성 친화적 트렌드'다. 따라서 온전한 경제독립을 꿈꾸고 있다면 금융권이나 주식, 그리고 부동산 시장에 본격적으로 불고 있는 '여성 친화적 트렌드'를 꼼꼼하게 분석하고 이를 재테크에 적극적으로 활용하기 위한 노력을 게을리 하지 말아야 한다.

아줌마 파워를 넘어
여성파워의 시대로

언제부터인가 '줌마렐라'라는 단어가 계속 귀에 들어온다. 이 단어를 한번 집중적으로 살펴보자. 줌마렐라는 아줌마의 '줌마'와 신데렐라의 '렐라'가 합쳐져 만들어진 단어로 적극적인 성향에 경제적 능력까지 갖춘 아줌마지만 신데렐라처럼 아름답고 진취적인 기혼여성을 일컫는다. 얼핏 보면 미시와 비슷해 보이지만 미시가 젊은 아줌마들을 지칭하는 다소 협소한 의미의 단어라면 줌마렐라는 가정과 육아 경험이 풍부한 30대 후반부터 40대 후반을 일컫는다는 점에서 차이가 있다.

과거 '아줌마'가 지하철이나 버스에 빈자리가 생기면 육탄돌진을 하던 다소 막무가내인 여성을 대변하던 단어였다면 줌마렐라는 기존의 다소 억척스러운 측면이 있던 이미지를 넘어선 여성파워를 대변하는 단어인 것이다. 이런 단어의 등장에서 볼 수 있듯 여성들은 점점 대한민국 사회에서 그 영향력을 키워가고 있다. 이 같은 흐름은 과거 남성의 전유물로 여겨졌던 분야에 여성들이 적극적으로 진출하고 있는 현상을 통해 보다 구체적으로 확인할 수 있다. 통장조직에 불고 있는 여성파워에 관한 다음의 기사를 살펴보자.

여성 통장시대 활짝…… 전체의 절반 훌쩍
특유의 섬세함을 무기로 젊은 주부 줄서

여성의 사회진출이 크게 늘어나면서 한때 남성의 전유물로 여겨졌던 통장도 여성시대를 맞고 있다. 최근엔 연령대도 점점 낮아져 통장조직에 여성파워가 거세지고 있다. 7일 대구 북구청에 따르면, 전체 659명의 통장 중 여성은 524명으로 79.5%를 차지하고 있다. 특히 아파트 밀집지역인 태전1동의 경우 통장 전원(31명)이 여성으로 구성됐다.

중구도 전체 172명의 통장 중 66.3%(114명)가 여성이다. 통장조직에 여풍이 불고 있는 것이다. 최근 들어서는 새 통장을 뽑을 때 젊은 주부의 참여가 늘어나면서 '젊은 조직'으로 거듭나고 있다. 북구의 여성 통장을 연령대별로 살펴보면 30대 16명, 40대 215명, 50대 281명, 60대 12명이다. 40~50대가 전체의 95%를 차지한다. 북구청 관계자는 "수년 전까지만 해도 50~60대 통장이 대다수를 이뤘으나, 이젠 젊은 층의 참여가 두드러지고 있다"고 설명했다.

중구에서는 지난해 5월 20대 여성 통장이 등장하기도 했다. 대신동 제3통장인 박아름 씨(여·29)는 통장직을 권유받은 어머니 대신 나선 케이스. 박 씨는 "서문시장과 인접한 동네 현안인 혼잡한 교통문제를 개선하는 데 역점을 두고 있다. 더불어 홀몸 어르신을 돌보는 데도 혼신의 힘을 쏟겠다"며 강한 의지를 보였다. 경쟁률도 높은 편이다. 통장추천위원회의 심의를 거쳐 동장이 위촉하는데, 평균 3 대 1의 경쟁률을 나타내고 있다. 북구 동천동의 통장을 선발할 땐 6 대 1의 경쟁률을 기록하기도 했다.

여성 통장이 늘고 있는 것은 여성의 사회활동 증가와 맞물려 남성에 비해 꼼꼼한 데다 가구를 방문할 때도 호감도가 높기 때문이다. 여기다 월 20만 원의 수당과 200%의 상여금 등 연간 300만 원 안팎의 수입을 올릴 수 있을 뿐만 아니라, 자녀에게 장학혜택도 주어져 주부 입장에선 마다할 이유가 없다.

자료 : 〈영남일보〉 2013. 3. 8

이뿐만이 아니다. 창업시장에 부는 여성파워도 갈수록 강력해지고 있다. 이 같은 사실은 2013년 3월 한국프랜차이즈협회가 주최한 '2013년 창업 박람회'에 참관한 전체 참가자의 30~40% 정도가 여성이었다는 사실을 통해서도 확인된다. 과거에 비해 여성의 사회활동이나 창업에 대한 부정적 인식이 크게 해소되고 이로 인해 창업에 대한 여성들의 관심이 고조된 결과이다.

전문직 세계에 부는 여풍도 심상치 않다. 단적인 예로 여성 의사의 비중을 들 수 있다. 대한의사협회가 발표한 「2012 전국회원실태조사보고서」에 따르면, 2012년 말 현재 대한의사협회에 신고한 87,668명 중 68,064명(77.6%)은 남자이고, 여자는 19,604명(22.4%)이다. 얼핏 보면 남성에 비해 여성 의사가 여전히 적다고 볼 수도 있다. 그러나 20년 전에 비해 열 배 이상 증가했다는 점을 감안하면 결코 적은 수치라고는 할 수 없다. 이처럼 전문 직업군에 종사하는 여성 비율이 증가하는 현상 역시 여성파워가 강력해지고 있음을 여실히 보여준다.

여성의 사회진출이 보편화되고 있고 보다 전문적인 직업군에 종사하는 여성의 비중이 증가하는 현상이 가속화되면 될수록 소비활동이나 각종 투자상품에 미치는 여성의 영향력 역시 확대될 수밖에 없다. 특히, 여성들이 활발한 경제활동을 통해 창출한 소득을 기반으로 외모관리나 지적 매력의 하나로까지 평가되고 있는 탁월한 패션감각을 위해 지출하는 비용은 소비시장에 엄청난 영향력을 미치고 있다. 마찬가지로 100세 시대가 눈앞에 다가온 상황에서 경제적으로 건강한 은퇴 이후를 준비하고자 하는 여성들이 은퇴를 대비한 투자에 본격적으로 관심을 기울일 경우 주식은 물론 금융 및 부동산 등 자산시장에 엄청난 영향을 미칠 전망이다. 자산시장에서도 여성파워가 두드러질 것임은 명약관화하다.

Q 임차인에게 임대인이 여자라는 점을 알리는 것이 좋을까요?

A 임대인이 여자인지 남자인지는 중요한 문제가 아닙니다. 간혹 임대인이 여자라고 쉽게 보면 어쩌나 하는 걱정을 하시는 분도 있지만, 그건 어디까지나 기우일 뿐입니다. 과거와 달리 임대인뿐 아니라 임차인들 역시 주택임대차보호법이나 부동산 계약에 관한 관행을 잘 이해하고 있기 때문에 임대인이 여자라고 해서 차임을 제멋대로 지불하거나 미지불하는 경우는 없다고 보셔도 됩니다. 반대로 임차인 입장에서 볼 때 임대인이 여자면 자신이 세 들어 사는 집과 관련된 불편사항을 좀 더 세심하고 꼼꼼하게 챙겨줄 수 있으리라는 생각을 할 수 있고, 이사와 관련된 제반 협의사항을 조금 더 편하게 상의할 수 있지 않을까 하는 기대를 할 수는 있겠습니다. 따라서 임차인과 조금 더 원만한 임대차 관계를 유지하고자 한다면 사전에 임대인이 여성이라는 것을 알리는 편이 오히려 유리할 수도 있습니다.

Q 임대소득을 올리려면 준비자금이 최소한 어느 정도 필요한가요?

A 사실 부동산을 구입하고자 하는 여성들이 가장 어려워하는 부분이 바로 자금 문제입니다. 아마 딱히 정해진 금액도 없고 기준도 없기 때문인 것 같습니다. 가령 강남에 있는 소형 아파트나 다세대주택, 혹은 오피스텔, 도시형생활주택 등을 구입해 임대를

놓고자 한다면 수억 원의 자금이 필요하겠지만 수도권에 입지한 비슷한 종류의 부동산을 구입하고자 한다면 강남의 20% 수준만 있어도 얼마든지 가능한 것이 현실입니다.

그러므로 얼마의 금액이 임대수익을 창출할 수 있는 충분한 여유자금인가 하는 질문은 적절치 않습니다. 대신 부동산을 구입하기에 앞서 어느 정도의 여유자금이 필요한지 스스로 확인할 수 있는 방법을 알려드리도록 하겠습니다.

가장 먼저, 어느 지역에 있는 부동산을 구입하고 싶은지를 결정하십시오. 단, 이때 구입하고자 하는 지역을 특정해두셔야 합니다. 적당히 강남 혹은 분당, 과천, 인천 같은 식으로 지역을 두루뭉술하게 정하지 말고 강남구 역삼동, 과천시 문원동과 같은 식으로 가급적 희망지역을 세분하는 것이 바람직합니다. 두 번째로, 해당 지역에서 구입하고자 하는 부동산의 종류를 정하십시오. 예를 들어 주택이라면 아파트, 연립·다세대주택, 단독·다가구주택, 원룸주택, 주거용 오피스텔, 도시형생활주택 중에서 선택하면 됩니다. 세 번째로, 구입을 원하는 부동산의 시세를 확인하십시오. 특별한 경우가 아니라면 시세는 인터넷으로 손품을 팔고 공인중개사사무소에 발품을 팔면 어렵지 않게 파악할 수 있습니다. 이제 마지막으로 자신의 보유자금과 시세를 비교하십시오. 혹 자금이 부족하다면 은행에서 대출을 받을 수 있는지, 있다면 얼마나 받을 수 있고 금리는 얼마인지 은행을 방문해 확인해보십시오. 이상의 과정을 거친다면 어렵지 않게 자금이 얼마나 있어야 각자가 원하는 부동산을 구입할 수 있는지 확인할 수 있을 것입니다.

2부

여자가
월세 부자가 되기 쉬운
11가지 이유

Reason ★ 1

여자 특유의 섬세함이
무기다

임대수익은 대한민국 모든 사람들의 로망이다. SBS에서 방영되어 큰 인기를 모았던 드라마 '신사의 품격'에는 특정 거리의 건물들을 모두 소유한 아내를 둔, 착하지만 약간 어설프고 그러면서도 다분히 바람기가 있는 남편이 등장한다. 이 커플이 나오는 장면에서 많은 사람들이 알게 모르게 부러움을 많이 느꼈다고 한다. 모르긴 몰라도 이들의 경쟁력 있는 외모도 드라마 속 커플을 부러워한 이유였을 것이다.

또한 경제적으로 여유로운 생활, 당당한 태도 등도 부러움을 자아냈다. 그러나 단지 돈이 많아서 부러워했다고 보기에는 왠지 2% 부족한 느낌을 지울 수 없다. 돈 많은 부부라는 설정은 각종 드라마나 영화에서도 수없이 접했었기 때문이다. 하지만 그동안 미디어 속 부자의 모습은 재벌가의 일원이거나 어마어마한 기업체를 운영하는 회장님이나 사모님으로 비춰졌다. '신사의 품격' 속 커플이 부러움을 자아냈던 이유는 이미 접해왔던 부자의 이미지가 아니라 막대한 임대수익을 거두어들이는 부자라는 상황설정이 신선했기 때문이다. '재벌'이나 '기업 오너' 등은 대부분의 국민들에게 상당한 거리감이 있는 단어지만, '임대수익'이라는 단어는 왠지 친숙하기 때문이다. 이와 더불어 '신사의 품격' 속 인물이나 기본설정은 세 가지 측면에서 신선한 매력을 발휘했다.

첫 번째로, 앞서 말했다시피 부자에 대한 정의가 신선했다. 적어도 대한민국 드라마나 영화 속 부자들은 태어날 때부터 '재벌' 혹은 '기업 오너'였거나 자수성가해서 큰 부를 축적한 사람들이었다. 그런데 '신사의 품격'에서는 비싼 빌딩을 많이 소유한 사람을 부자로 설정했다. 매달 안정적인 임대수익이 발생하는 빌딩(혹은 건물)이야말로 모든 대한민국 사람들이 큰 거부감 없이 그려볼 수 있는 꿈이고 또 주변 사람들에게 자신 있게 말하고 다닐 수 있는 소망사항이다. '재벌'이 되고 싶다거나 '대기업의 오너'가 되고 싶다고 하면 허무맹랑하다고 비웃음을 당하거나 미친 사람 취급을 받기 십상이지만 임대수익이 발생하는 건물을 소유하고 싶다는 꿈은 현실성 있기 때문이다.

두 번째로, 남편이 아닌 아내가 거리 전체를 자신의 빌딩으로 가득 메운 부자로 나왔다는 점이 신선했다. 그동안 부자 이야기는 부유한 남자가 가난하지만 마음씨 곱고 아름다운 여인을 만나 우여

곡절 끝에 사랑을 가꾸어간다는 것이 단골 레퍼토리였다. 하지만 이 드라마에서는 정 반대다. 이런 신선한 설정 덕분에 부자인 아내 앞에서 남편과 남편 친구들이 꼼짝 못하는 모습을 보일 때마다 시청자들의 입가에는 깨알 같은 웃음이 새어나왔다.

세 번째로, 극중 사이사이에 부자인 아내가 효과적이고 철저하게 빌딩을 관리하는 모습을 보여준 것 또한 매우 신선했다. 과거 드라마나 TV속에 등장했던 빌딩 주인들은 웬만한 것은 그냥 넘어갈 줄 아는 대범한 모습을 보였다. 그것이 빌딩 주의 미덕이라도 되는 양 말이다. 그러나 이 드라마는 중간중간에 적절한 상황을 센스 있게 배치하여 빌딩 주가 대놓고 깐깐하게 굴지는 않지만 은연중에 철저하게 빌딩관리를 하고 있음을 보여주었다.

'신사의 품격'은 이상 세 가지 이유만으로도 부동산 측면에서 볼 때 나름 신선하고 의미 있는 드라마였다. 사실 이 드라마의 설정이 우연의 일치인지 아니면 임차인 관리를 원래 여성이 남성보다 탁월하게 할 수 있다는 사실을 잘 알고 그랬는지는 필자도 잘 모르겠다. 그러나 한 가지, 여성이 남성에 비해 자기 건물에 세 들어 사는 임차인들과 더 원만하게 지내기 쉽고 임차인들을 보다 효과적으로 관리할 수 있다는 점은 정확하게 짚었다고 확언할 수 있다.

임차인과 원만한 관계를 맺어라

그렇다. 여성 임대인은 남성들에 비해 임차인과 보다 친밀하고 원만한 관계를 유지하기 쉽다. 왜 그럴까? 바로 여성 특유의 섬세함과 배려 덕분이다. 수익성 부동산을 구입하려는 사람들은 오로지 수익성 부동산을 보유함으로써 기대할 수 있는 열매, 즉 임대수익에만 집중할 뿐 그 임대수익을 창출하기까지 감내해야 할 수고에 대해서는 무관심한 경향이 있다. 하지만 생각해보라. 안정적인 임대수익을 내기 위해서는 임차인이 제때 월세를 줘야 한다. 만약 임차인이 제때 월세를 내지 않으면 어떻게 대처해야 할까? "왜 월세를 제때 입금하지 않느냐? 보증금에서 차감할 것이고 이런 식으로 약속을 지키지 않으려거든 이사를 가라"고 반응해야 할까? 아니면 "무슨 사정이 있으시군요. 별일 없으시기를 바랍니다. 혹여 집과 관련한 문제가 있으시다면 연락 주세요. 아, 월세가 밀려서 연락드린 것은 아닙니다. 괜히 독촉한다고 오해하지는 마시고요"라고 다독인 후 반응을 보고 어떻게 대처해야 할지를 결정하는 것이 좋을까? 두말 할 필요도 없이 후자일 것이다. 여성은 특유의 섬세함과 배려심으로 임차인을 대할 수 있고, 이는 곧 경쟁력으로 이어진다.

부동산 임대에 대해 조금이라도 알고 있는 사람이라면 임대수익을 창출할 때 가장 큰 골칫거리가 무엇이냐는 질문에 열이면 열 사람 다 임차인이라고 답할 것이다. 그만큼 임차인 관리는 어렵다. 그런데 임대인과 임차인 사이의 분쟁은 의외로 사소한 것에서부터 비롯되는 경우가 많다. 필자의 지인 가운데 한 분은 지난해 초까지 강서구에 전세로 거주했었는데, 이분은 당초 이사를 할 때만 해도 전세기간이 만료되면 보증금을 올려주고서라도 4~5년 정도 살려는 계획을 갖고 있었다. 그런데 2년 계약기간을 채우자마자 서둘러 이사를 하고 말았다. 이유를 알아보니 아니나 다를까 집 주인과의 사소한 감정싸움 때문에 마음이 상해 이사를 했다는 것이다. 자초지종은 이랬다. 이분은 약 2년 전 돌풍이 동반된 비바람에 임차한 아파트의 베란다 창이 깨져 자칫하면 큰 사고가 날 뻔한 아찔한 경험을 했다. 이에 놀란 가슴을 진정시키고 다음 날 임대인에게 자초지종을 설명했더니 대뜸 임대인이 "그래서 지금 수리비 달라고 득달같이 전화부터 하신 겁니까?", "임차인이 문을 제대로 닫지 않았던가 아니면 관리를 잘못해 깨진 것은 아니고요?"라고 물으면서 기분을 상하게 했다고 한다. 당초 그는 집 주인에게 상황을 이야기하고 어떻게 하면 좋을지를 묻고 집 주인의 사정이 여의치 않으면 반반씩 부담해서라도 베란다 유리를 교체하려고 생각하고 있었다고 한다. 그러나 임대인의 반응에 오기가 생겨서 집 주인 전액 부담으로 교체해달라고 약 두 달에 걸쳐 요구했고 임대인과 감정의 골이 깊어질 대로 깊어져 끝내 2년 만에 이사를 하게 된 것이다.

만일 집 주인이 이렇게 말했다면 어떻게 되었을까?

"아이고, 어디 다치신 곳은 없고요? 사람이 다치지 않아 다행입니다. 좀 더 꼼꼼하게 제가 집 관리를 했어야 했는데……. 본의 아니게 죄송하네요. 유리가 깨진 상태로는 위험하니 하루라도 빨리 서둘러 유리를 교체해야겠네요. 제가 당장이라도 가서 알아봐드리고 싶지만 거리가 있으니 임차인께서 알아보시고 연락주세요."

아마도 필자의 지인은 이사를 가지 않았을 것이고 집 주인과 그 모두 이사비용이며 부동산 중개수수료 등 쓸데없는 비용을 지출하지 않아도 되었을 것이다. 이외에도 임대인이 경제적 약자인 임차인을 조금만 배려해주고 섬세하게 대하면 얼마든지 피할 수 있는 분쟁이 부지기수다. 이런 일이 자주 생기면 생길수록 임대인에게도 적지 않은 경제적 손실이 발생하기 마련이다.

여성은 임차인을 관리할 때 특유의 따뜻함과 섬세함을 이용할 필요가 있다. 그러면 불필요한 감정소모나 경제적 손실 없이 임대수익을 올릴 수 있다. 임차인을 상대하는 것에 대한 막연한 어려움 내지는 두려움만 걷어내면 남성보다 여성이 임차인 관리를 잘하게 되어 있다. 이는 임대수익 창출에 여성들이 보다 더 적극적이어야 하는 이유인 동시에 여성이 월세 부자가 되기 쉬운 이유이기도 하다.

김박사의 Tip : 임차인 관계 관리

★ 임차인을 내게 임대수익을 제공하는 중요한 고객이라고 생각하라.
★ 말 한마디로 악덕 임대인이 될 수도 있음을 반드시 기억하라.
★ 집의 하자와 관련된 임차인의 불만에 신속히 대응하라.
★ 임차인의 불만을 일단 충분히 듣고 난 후 어떻게 해야 할지를 판단하라.

부동산사무소를
내 편으로 만들기 쉽다

특별한 경우가 아닌 이상 자신의 주택을 임대하고자 할 때는 대부분 부동산사무소를 거친다. 물론 인터넷 포털사이트의 부동산직거래나 각종 생활정보지, 혹은 거리게시판 등을 통해 직접 임차인을 구하는 경우도 많아지기는 했지만, 여전히 임차인을 구하는 가장 보편적인 방법은 부동산사무소를 통하는 것이기 때문이다.

실제로 부동산 임대차계약이 성사되는 과정을 보면 부동산사무소의 역할이 상당히 중요하다. 그다지 마음에 들지 않는 물건이라도 부동산사무소에서 적극적으로 홍보한 결과 계약이 체결되는 경우도 많다. 그렇기 때문에 지속적으로 임차인을 구해야 하는 임대인들에게 있어 부동산사무소는 매우 고마운 존재이다. 그러나 의외로 많은 건물 주들이 부동산사무소와 원만한 관계를 유지하지 못하고 있는 실정이다.

만약 부동산사무소와 지속적인 관계를 맺겠다는 장기적 목표 없이 신속한 임대만을 원한다면 아주 쉽고 직접적인 방법이 있기는 하다. 임대를 놓을 때마다 중개수수료를 법정수수료 이상으로 후하게 지불하면 된다. 그러면 임대조건이 엇비슷한 수준인 경우(종종 조금 못한 수준이라도) 다른 건물에 비해 보다 빨리 임대를 놓을 수 있다. 그러나 이 방법은 일시적인 효과가 있을 뿐 부동산사무소와의 꾸준한 관계 형성에는 큰 도움이 되지 않는다. 임대를 놓을 때마다 턱없이 많은 중개수수료를 지불할 생각이 없는 이상 그 효과는 단발성으로 끝날 수밖에 없다(그러므로 아주 급한 경우가 아니라면 그다지 추천하고 싶지 않은 방법이다).

그렇다면 어떻게 해야 부동산사무소와 원만한 관계를 유지할 수 있을까? 가장 먼저 부동산사무소가 하는 일을 중요하게 생각하고 있다는 것을 표현할 필요가 있다. 즉, "당신 덕분에 내가 좀 더 빠르고 편리하게 임대수익을 창출할 수 있습니다. 사람의 마음을 움직여 임대차계약을 체결하는 것이 쉬운 일이 아닐 텐데 진심으로 고맙습니다"라는 마음을 전달해야 한다. 여성들은 부드러운 분위기를 조성하고 감정을 표현하는 데 탁월하다. 이러한 감정을 살리면 충분히 부동산사무소와 원만한 관계를 형성할 수 있을 것이다.

대접받고 싶은 만큼 인정하라

상당수 건물 주들은 부동산사무소의 역할이나 업무를 폄하하곤 한다. 때로는 면전에서 또 때로는 뒤에서 이런 이야기를 스스럼없이 하기도 한다.

"별로 한 일도 없고 계약서 한 장 써주면서 무슨 놈의 돈을 그리 많이 달라고 하는지……."

"부동산사무소에서 한 일이라고는 손님 데리고 두어 번 왔다 갔다 한 것하고 전화 몇 번 한 것밖에 없어. 게다가 건물 보여줄 때도 그래. 부동산사무소 혼자 고생했으면 내가 말을 안 해! 건물 보여줄 때마다 내가 내려와서 이것저것 다 설명해주고 계약하면 좋은 점도 전부 다 내가 얘기해주고……. 그래서 계약한 거지. 부동산사무소가 뭐 얼마나 큰일 했다고 수수료를 그렇게 많이 달라고 하는지……."

"완전 도둑놈 심보지. 수수료로 수십만 원을 달라고 하니, 참나."

이런 말을 하고 싶어서 입이 근질근질한 건물 주가 혹 있다면 '낮말은 새가 듣고 밤말은 쥐가 듣는다'는 우리 속담을 상기하기 바란다. 부동산사무소는 온갖 이야기가 거쳐가는 곳이다. 오늘 건물 주인 당신이 자신의 건물에 세 들어 있는 임차인과 부동산사무소의 중개수수료 혹은 기타 서비스와 관련해 나눈 부정적 이야기들이, 또 이웃 건물 주들과 부동산사무소에 대해 나눈 부정적 이야기들이 머지않아 그대로 부동산사무소에 흘러들어간다는 것을 간과해서는 안 된다. 그렇게 뒷말을 해놓고 부동산사무소와 원만한 관계를 형성하겠다는 것은 어불성설이다.

입장 바꿔 생각해보라. 늘 자신에 대해 부정적인 이야기를 하는 건물 주가 "내 건물에 들어올 임차인 좀 구해주시오"라고 의뢰하는 경우와 평소 자신의 일을 인정해주고 좋은 말만 하는 건물 주가 "내 건물에 있는 임차인이 이사를 가겠다고 하네요. 적당한 임차인이 있으면 좀 연결해주세요"라고 의뢰하는 경우, 과연 누구의 건물을 임대하기 위해 최선을 다할 것인지를.

사소한 배려가 사람의 마음을 움직인다

부동산사무소가 하는 일이 얼마나 중요한지 잘 알고 있다는 내용을 충분히 전달했으면 다음은 이제 행동으로 옮기는 단계다. 이부분은 마음만 먹으면 누구나 가능하다. 큰돈을 들이지 않고도 사시사철 얼마든지 할 수 있기 때문이다. 추운 겨울에는 따뜻한 캔 커피하나면 되고 더운 여름이면 시원한 음료수 한 병이면 족하다. 물론 봄이나 가을에도 적당한 기능성 드링크 한 병이면 충분하다. 그냥용건이 없더라도 잠깐 들러서 눈인사를 나누면 그것으로 족하다.

요즘처럼 부동산 시장이 침체되어 부동산사무소가 운영에 어려움을 겪고 있는 상황이라면 "수고 많으시네요. 한 병 드시고 일하세요. 요즘 경기가 좀 어렵네요. 힘내세요" 하는 격려의 말과 함께 음료수를 건네면 충분히 마음을 전달할 수 있다. 조그만 오피스텔이나 도시형생활주택, 혹은 소형 아파트나 연립·다세대주택을 보유하고 있는 경우도 마찬가지다. 아니 오히려 이런 경우에 더더욱 마음을 전할 필요가 있다. 재테크도 성공하려면 일정 부분 연습과 경험이 필요하다. 임차인이나 부동산사무소 등 자신의 임대수익 창출에 기여하는 사람들을 잘 대하는 연습은 차후 더 큰 임대수익을 올리기 위해 꼭 필요하다.

세상에 공짜 점심은 없다. 자신이 노력하는 만큼, 자신에게 돈을 벌어다주는 사람들을 배려하고 챙기는 만큼, 이익이 발생할 가능성도 함께 커지는 것이 세상의 이치다.

지금 당장 음료수 한두 병을 사들고 집에서 가장 가까운 부동산사무소를 방문해보자. 그리고 세상 사는 이야기며 동네 상권 문제, 집값이나 전세비용, 부동산 시장 전망 등을 묻고 듣고 의견을 나눠보아라. 모르긴 몰라도 자주 들른다고 타박하거나 꺼리는 부동산사무소는 없을 것이다. 이렇게 함으로써 당신은 이미 임대수익에 한 걸음 더 다가선 셈이다. 마음이 담긴 배려야말로 월세 부자가 될 수 있는 자질이기 때문이다.

김박사의 Tip : 부동산사무소를 내 편으로 만드는 방법

★ 부동산사무소의 업무를 존중하라.
★ 부동산사무소의 업무를 존중한다는 것을 말로 표현하라.
★ 평소 자주 들르고 소소한 선물로 부동산사무소를 감동시켜라.
★ 돈이 수반되지 않는 존중은 진정한 존중이 아니다. 위법한 금액을 요구하지 않는 이상 중개수수료는 합당하게 지불하라.

Reason ★ 3

여자의 꼼꼼함은
단점도 강점으로 바꾼다

주택이나 상가 등 임대용 건물에서 나오는 임대수익은 귀한 열매다. 하지만 이 열매를 얻기 위해서는 노력과 비용이 필요하다. 바로 건물관리에 들어가는 수고로움이 그것이다. 세상만사가 모두 그렇듯 제대로 관리를 해야만 보다 나은 임대수익을 기대할 수 있다.

그런데 임대인 입장에서 건물관리는 그렇게 녹록하지가 않다. 특히 임대수익을 꿈꾸는 여성들이 가장 어렵게 느끼는 부분이 바로 건물관리다. 그도 그럴 것이 건물관리는 보통 수리나 수선과 직결되는데 아무래도 여성들은 이런 부분에 익숙하지 않기 때문이다. 물론 임차인이 바뀌고 난 뒤 도배나 장판, 페인트 등 외관상 두드러지는 하자가 발생했다면 적당한 수리업자를 찾아 공사의뢰만 하면 되니 큰 문제가 안 될 수도 있다. 그러나 방에 물이 샌다든지 아랫집에서 물이 샌다고 항의를 하고 갔다는 임차인의 갑작스러운 연락을 받는 등 일상적인 수준을 벗어나는 수리나 수선 상황에 직면하면 그 누구라도 당황스러울 수밖에 없다.

이 외에 경제적 부담 역시 건물관리를 어렵게 느끼도록 만드는 요인이다. 임대를 위해 구입한 오피스텔이나 원룸 등은 특별한 경우가 아닌 이상 대부분 월세로 임대를 한다. 따라서 계약기간에 따라 차이가 있기는 하지만 보통 1년 혹은 2년 단위로 도배, 장판과 일부 파손된 부분을 수리하는데 이때 소요되는 비용이 만만치 않다. 도배나 장판 등은 원자재의 질에 따라 다소 차이가 있을 수 있지만 적어도 60만 원 전후의 지출을 생각하고 있어야 한다. 여기에 어떤 부분이 파손되었느냐에 따라 추가적인 지출까지 발생한다. 매월 받은 월세를 꼬박꼬박 특정 예금계좌에 모아두었다가 지출요인이 발생할 때 사용하는 경우라면 모를까 입금된 월세를 바로바로 사용했다면 생돈이 나간다고 느끼기 십상이다. 뿐만 아니라 막상 돈을 들여 수리나 수선을 해도 날림공사 때문에 속을 끓이는 경우가 비일비재하다.

문제는 어느 정도 경험을 쌓기 전까지는 다소 비용이 지출되더라도 신뢰할 수 있는 실력 있는 수리업자를 선택해야 하는데, 익숙하지 않은 분야이다 보니 인터넷 등을 활용해 오로지 견적을 적게 제시하는 수리업자를 선택한다는 데 있다. 수리나 수선은 어떤 재료를 사용하는지, 얼마나 숙련된 전문가가 공사를 하는지에 따라 비용 자체가 달라진다. 충분한 경험이 없으면 바로 이런 부분을 간과하기 때문에 위와 같은 문제들이 발생하는 것이다.

믿고 맡길 수 있는 수리업자를 찾아라

실제로 수리나 수선에 느끼는 막연한 중압감과 이에 소요되는 경제적 부담은 임대수익을 꿈꾸는 사람들, 그중에서도 특히 여성들이 선뜻 임대 목적의 부동산을 구입하지 못하도록 가로막는 장애요인이 되고 있다. 그런데 수리나 수선과 관련된 문제는 의외로 간단하게 해결할 수 있다. 믿고 맡길 수 있는 수리업자를 자신의 부동산 주변에서 찾기만 하면 되기 때문이다.

성공적으로 임대수익을 창출하고 있는 사람들은 한결같이 자신이 보유하고 있는 임대용 건물을 전담하는 수리업자를 두고 있다. 왜 그럴까? 수리업자가 오랜 기간 건물을 관리하면 건물 주가 얻을 수 있는 이익이 실로 상당하기 때문이다. 구체적으로 어떤 이익인지 살펴보자.

첫 번째로, 신속하게 수리나 수선을 할 수 있다. 가까운 곳에 있는 수리업자가 관리를 해주기 때문에 문제발생과 동시에 확인 및 조치가 가능한 것이다.

두 번째로, 수리나 수선의 정확성을 들 수 있다. 지속적으로 관리를 해왔기 때문에 건물의 어떤 부분에 문제가 발생할 수 있고, 그럴 경우 어떤 식으로 공사를 하면 효과적인지 정확한 진단과 대처가 가능하다.

세 번째로, 건물 주인과 수리업자 사이에 신뢰가 형성된다. 누차 언급했던 것처럼 임대인은 자신의 임대수익 창출에 기여하는 모든 사람들과 신뢰관계를 구축할 필요가 있다. 이런 점에서 볼 때 시간이 흐르면 흐를수록 건물 주와 수리업자 사이에 자연스럽게 형성되는 신뢰관계는 무엇보다 중요한 자산이다.

신뢰할 수 있는 수리업자를 찾느냐 못 찾느냐, 그와 원만한 관계를 형성하느냐 그렇지 못하느냐에 따라 건물관리는 임대수익을 포기하고 싶을 만큼 괴로운 일이 되기도 하고 쉽고 간단한 일이 되기도 한다. 여자들은 작은 물건 하나를 살 때도 꼼꼼하게 따져보고 비교하고 나서야 결정을 한다. 그 여성 특유의 섬세함과 꼼꼼함을 발휘한다면 신뢰할 수 있는 수리업자를 찾고 관계를 유지하는 것은 그리 어려운 일이 아니다. 부담감만 버리면 단점을 오히려 강점으로 전환할 수도 있다는 말이다. 현재 건물을 임대하고 있거나 임대용 부동산 매입을 고려하고 있다면 반드시 주변에 신뢰할 만한 수리업자가 있는지를 면밀히 탐색하기 바란다.

김박사의 Tip : 건물관리를 잘하는 방법

★ 수리나 수선 등 건물관리에 대한 막연한 두려움을 단칼에 떨쳐내라.

★ 수리나 수선을 할 때는 가격이 아닌 질을 따져라.

★ 자신의 임대용 건물과 가까운 수리업자 가운데 믿을 수 있는 사람을 찾아라.

★ 특별한 경우가 아닌 이상 오랜 기간 수리업자와 공생관계를 유지하라.

여자는 관심 분야에 대한
집중력이 남다르다

어떤 부동산을 구입하는 것이 좋을까? 임대수익을 추구하는 사람이라면 누구나 하는 고민 가운데 하나다. 특히나 요즘처럼 주택시장이 침체기라면 그 고민의 정도는 더더욱 심해지기 마련이다. 과거에는 주택을 구입해 임대를 하다가 매매가격이 상승하면 처분해서 임대수익의 수십, 수백 배를 넘어서는 시세차익까지 함께 노려볼 수 있었지만 이제는 시세차익은커녕 자칫 잘못했다가는 집값이 추풍낙엽처럼 떨어져서 엄청난 손실을 감수해야 할 위험이 도사리고 있기 때문이다. 수익성 부동산으로 눈을 돌려봐도 녹록하지 않은 것은 마찬가지다. 절대인구의 감소, 급속도로 진행되고 있는 인구고령화, 학령인구 감소 등 수익성 부동산의 상권형성에 가장 큰 영향을 미치는 변수들이 근본적으로 변하고 있기 때문이다. 더구나 부동산 시장에 가장 큰 영향을 주는 대한민국 경제가 아직까지 진행형인 세계경기 침체, 유로발 글로벌 재정위기 등 부정적 변수들로 인해 먼 미래는 고사하고 당장 1년, 아니 6개월 앞도 내다보기 힘든 상황이니 고민이 커질 수밖에 없는 노릇이다.

그렇다면 이처럼 불확실성이 높아진 상태에서 안정적 임대수익을 창출하려면 어떻게 해야 할까? 이 질문에 대한 대답 역시 의외로 간단한 곳에서 찾을 수 있다. 우리가 날마다 접하는 경제뉴스에 해답이 있기 때문이다. 다음은 수익성 부동산, 그중에서도 상가건물을 매입하여 임대수익을 창출하고자 하는 경우 참고할 만한 기사 가운데 하나이다.

점포만 3만 개… 오버뱅킹 저주 오나
과도한 영업점이 수익 훼손
적자점포 정리 구조조정 땐 감원·부동산 하락 연쇄 파장

우리나라에 은행·상호금융·우체국·증권 같은 금융사 점포가 3만 개를 넘는 것으로 나타났다. 통계청이 발표한 지난 5월 기준 경제활동인구가 2,619만 명인 점을 감안하면 경제활동인구 864명당 한 개꼴로 영업점이 있는 셈이다. 전문가들은 "국내 금융시장이 이미 '오버뱅킹(over-banking)'에 접어들었다"며 과도한 금융공급이 금융회사의 수익악화로 이어지고 있다고 지적했다. 금융

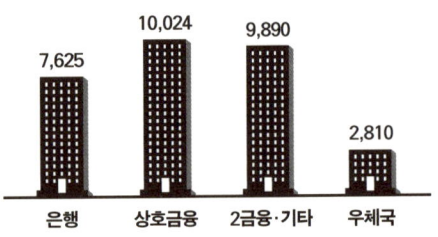

업권별 지점 현황

(단위: 개)

- 은행: 7,625
- 상호금융: 10,024
- 2금융·기타: 9,890
- 우체국: 2,810

자료: 각사·금감원·금융투자협회

당국은 이런 현실에 따라 적자점포 정리 등 오버뱅킹 해소를 요구하고 있지만 점포 구조조정이 본격화될 경우 대규모 감원은 물론 상업용 부동산 가격하락 등 연쇄파장이 상당할 것이라는 우려가 나온다. 〈서울경제신문〉이 금융감독 당국과 금융계의 점포 구조조정 움직임에 따라 29일 업권별로 금융회사들의 지점 수를 파악한 결과 총합이 3만 349개에 달했다. 6월 말 현재 시중은행과 지방은행·특수은행을 포함한 은행권이 7,625개였고 농업협동조합과 새마을금고·신협 등 상호금융권은 1만 24개로 가장 많았다. 우체국도 2,810개에 달했다. 생보사와 손보사(영업소 포함)에 증권사와 저축은행·카드 같은 기타금융사들도 9,890개였다. (중략) 오버뱅킹은 사회 전반에 심대한 영향을 미치고 있다. 금융계에서는 오버뱅킹 수술이 본격화될 경우 최대 수천 명이 감원될 수 있다고 내다봤다. 점포망 축소 및 폐쇄에 따라 상업용 부동산 시장은 더 얼어붙어 인근 상권에까지 영향을 미칠 수 있다고 전문가들은 지적한다.

자료 : 〈서울경제신문〉 2013. 7. 29

아직까지 대부분의 은행 점포들은 1층에 자리 잡고 있다. 또한 은행이 자리 잡고 있는 곳은 나름 확실한 상권이 형성되어 있는 곳으로 평가받는다. 그런데 당장 은행권에서 오버뱅킹 문제가 제기되고 있다. 과연 이런 경고가 의미하는 바는 무엇일까? 경제적인 측면에서 본다면야 점포망의 축소와 폐쇄에 따라 감원이 발생하고 이에 따라 실업 문제가 발생할 것이라는 의미겠지만 수익성 부동산인 상가시장 측면에서 보면 장기적으로 부정적인 영향을 받을 것이라는 의미이다. 생각해보라. 사람들이 많이 찾고 그래서 상권이 활성화되어 있는 상권에서 은행 점포가 빠져나갈 경우 어떤 현상이 나타날 것인지를.

아마도 가장 먼저 유동인구가 감소될 것이다. 유동인구가 상권의 파워에 가장 강력한 영향을 미치는 변수라는 점은 삼척동자라도 알고 있을 정도이다. 상권 파워의 감소에 따라 해당 상권에 입지하고 있는 상가들의 가치도 동반 하락할 것이라는 점 역시 주지할 사항이다. 그러므로 수익성 부동산을 매입하여 임대수익을 창출하고자 한다면 금융권의 오버뱅킹 문제에 대한 처리방향을 먼저 철저하게 분석해야 한다. 이처럼 경제기사 속에는 임대수익을 창출하는 데 있어 매우 중요한 내용이 담겨 있다. 날마다 이런저런 이슈가 너무 빈번하게 기사화되고 있어 때로는 그게 그것인 것처럼 느낄 수도 있겠지만 그렇다고 해서 경제기사를 결코 가볍게 대해서는 안 되는 이유이다.

요즘은 지하철, 버스 안에서 스마트폰을 뚫어지게 쳐다보면서 무엇인가를 하고 있는 사람들의 모습이 전혀 낯설지 않다. 그런데 재미있는 사실은 직장 혹은 각종 모임에서 경제와 관련된 주제로 대화를 나누다 보면 의외로 스마트폰으로 관련 기사를 읽은 적이 있다고 말하는 여성들이 남성에 비해 많다는 것이다. 물론 이러한 단적인 사실만으로 기사 내용이 의미하는 경제적 파급효과를 남성에 비해 여성이 보다 확실하게 이해했다고는 볼 수 없다. 다만 여성이 좀 더 신속하게 경제기사의 이슈를 알아챘을 가능성은 충분하고 이러한 사소한 습관은 월세 부자로 가는 초석이 된다.

또한 여성은 일단 관심을 가지면 그 한 분야에 억척스럽게 집중하는 경향이 있고, 한 가지 단적인 사실을 수집하는 데 끝나지 않고 그것을 다른 것과 연결해서 생각하는 능력이 뛰어나다. 일단 임대수익을 창출하고자 마음을 먹었다면 이러한 능력을 십분 발휘해 경제기사 속에서 임대수익을 올릴 수 있는 방향을 모색해보기 바란다.

김박사의 Tip : 임대수익 창출을 위한 부동산 구입 방법

★ 경제뉴스와 부동산은 엄청나게 밀접한 관계가 있음을 명심하라.

★ 날마다 인터넷과 신문지면 그리고 방송을 가득 채우는 경제 소식에 주목하라.

★ 1단계로 경제뉴스가 실물경제에 초래할 파급효과를 분석하는 습관을 가져라.

★ 2단계로 경제뉴스 가운데 부동산 시장에 영향을 미칠 것으로 예상되는 뉴스를 간추려서 정리하라.

Reason ★ 5

여자는 제도 변화에
더 민감하다

임대수익 창출에는 부단한 노력이 필요하다. 많은 사람들이 부동산 시장을 둘러싼 환경이나 제도에 관심을 기울이는 이유 역시 보다 안정적인 임대수익을 창출하기 위해서다. 대한민국 부동산 시장은 다른 선진국들에 비해 정부의 정책이나 제도의 변화에 많은 영향을 받는 특징이 있다.

단적으로 '부동산의 가격 형성에 가장 큰 영향을 미치는 요인이 무엇인가?'라는 설문에 미국의 부동산 수요자들은 '수요와 공급'이라고 답하는 데 비해 우리나라 국민들은 '정부의 부동산 정책'이라고 답한다는 점을 봐도 이 같은 사실을 확인할 수 있다. 그만큼 부동산 정책이나 제도의 변화가 우리나라 부동산 시장에 미치는 파급효과가 엄청나다는 뜻이다. 그러므로 보다 확실한 임대수익을 창출하고자 한다면 변화하는 부동산 정책이나 제도에 관심을 기울이는 습관을 가질 필요가 있다. 다음은 박근혜 정부에서 부동산 시장 침체를 극복하기 위해 내놓은 정책을 설명한 기사이다.

연내 소형 아파트 '주택임대사업' 혜택 많아

아파트 값 하락이 지속되면서 안정적인 월세를 받아 수익을 낼 수 있는 주택임대사업을 고민하는 수요자라면 입주 중이거나 분양예정인 수도권 소형 아파트를 눈여겨볼 만하다. 정부가 부동산 시장을 활성화하기 위해 관련 규제를 풀고 있는 데다 취득세 등 세금 부담이 거의 없고, 건설사들이 내놓는 다양한 혜택을 누림과 동시에 향후 가격상승도 기대할 수 있기 때문이다.

4·1 대책으로 연내 매입하는 $85m^2$ 이하 또는 6억 원 이하의 신규 아파트 및 미분양 주택에 대해 5년간 양도세 면제 혜택이 주어진다. 이에 앞서 수도권 내 주택임대사업자 요건이 지방처럼 1가구 이상으로 완화된 상태다.

취득세도 전용 $60m^2$ 이하는 면제, $60 \sim 149m^2$는 25% 감면 혜택이 주어진다. 재산세 역시 전용 $40m^2$ 이하는 면제, $40 \sim 60m^2$는 50% 감면, $60 \sim 85m^2$는 25% 감면된다.

연말께 시행예정인 '준공공임대' 등록을 통한 방법도 있다. 기존 또는 신축 전용면적 $85m^2$ 이하 주택을 1가구 이상 매입해서

10년간 임대하면 된다.

　이렇게 하면 취득세·재산세·양도세·종합부동산세 등 부동산 관련 모든 세금을 면제 또는 감면받을 수 있어 사실상 세금 걱정을 하지 않아도 된다. 다만, 최초 임대료는 주변 시세 이하여야 하며 임대료 인상률은 연 5% 이내로 제한된다.

　게다가 4·1 대책 후속조치로, 민간 임대사업자에 대한 대출보증 면적 기준을 없애고, 주택기금에서 주택 구입자금을 대출받을 때 현행 금리 5%에 최대 6,000만 원에서 4% 최대 7,500만 원까지 가능해졌다.

자료 : 〈매일경제〉 2013. 7. 27

　위 기사가 전달하고자 하는 핵심은 과연 무엇일까? 첫째 일정 요건을 충족하는 새 아파트나 미분양 아파트를 구입하면 5년간 양도세가 면제된다는 점, 둘째 수도권 내 주택임대사업자 요건이 지방처럼 1가구 이상으로 완화된 상태여서 임대사업을 하기 좋은 환경이라는 점, 셋째 주택면적에 따라 취득세·재산세 등 지방세를 면제받거나 감면받을 수 있다는 점, 넷째 '준공공임대' 등록을 한 후 주택을 임대하면 취득세·재산세·양도세·종합부동산세 등 부동산과 관련된 거의 모든 세금을 면제받거나 감면받을 수 있다는 점, 다섯째 임대사업자에 대한 대출보증 면적 기준이 없어지고 주택기금에서 주택 구입자금을 대출받을 때 적용되는 대출금액이 확대되는 것

은 물론이고 금리까지 하락했다는 점 등이 핵심이다.

다시 말해 침체국면에 빠져 있는 부동산 시장을 활성화시키기 위한 부동산 대책이 핵심 내용인 것이다. 주택 매입으로 임대수익을 올리고자 한다면 어떤 주택을 매입하는 것이 조금 더 유리한지를 판단하는 데 있어 큰 도움이 될 것으로 보인다. 4·1 부동산 대책을 꼼꼼히 파악했다면 수도권 내 소형주택을 취득할 때 가장 큰 혜택을 누릴 수 있다는 점을 간파했을 것이다. 즉 안정적인 임대수익을 얻고자 한다면 소형주택이 유리하다는 뜻이다.

이처럼 변화하는 부동산 관련 법제도나 부동산 시장이 침체 혹은 과열 국면일 때 내놓는 부동산 정책(대책)에는 당면한 부동산 시장의 문제를 해결하기 위한 단기 및 중장기적 계획이 담겨 있기 마련이다. 비록 과거에 비해 그 정도가 덜하긴 하지만 여전히 정부가 내놓는 부동산 관련 법제도나 정책에 따라 부동산 시장이 크게 좌우되는 우리나라의 현실을 감안할 때 임대수익을 창출하고자 하는 사람에게 이보다 더 좋은 투자지침은 없을 것이다.

여성들은 생활에 영향을 미치는 아주 작은 변화에도 민감하게 반응한다. 옆에 있는 사람의 미묘한 변화나 기분을 기가 막히게 집어내기도 한다. 그것은 타고난 본성이기도 하고 지금까지 살아오면서 몸으로 체득한 생존전략이기도 하다. 어떤 것이 변화하고 그것이 자신의 삶에 어떤 영향을 미칠지를 아주 예민하게 느끼는 것이다. 이러한 여성 특유의 본능을 부동산 시장에 집중시킨다면 월세 부자가 되는 것도 그리 어려운 일만은 아니다.

김박사의 Tip : 부동산 법제도와 정책(대책)을 주목하라!

★ 부동산 법제도와 정책은 부동산 시장을 규율하는 환경이다.

★ 새롭게 바뀌는 법제도는 새로운 부동산 환경을 조성한다.

★ 부동산 시장의 침체 혹은 과열 국면에 나오는 부동산 정책(대책)을 읽으면 투자방향을 정할 수 있다.

★ 무조건 부동산 관련 법제도와 정책에 휩쓸리지 말고 이익이 되는 부분을 선별적으로 취사선택하여 활용하라.

Reason ★ 6

여자가 행복을 느끼는 집이
좋은 집이다

누가 뭐래도 집은 거주의 공간이자 생활의 터전이다. 그렇기 때문에
집 구입의 가장 큰 목적이 투자나 투기여서는 곤란하다. 물론 거주
공간이자 생활의 터전으로서 집을 잘 활용하면서 덤으로 투자 목적
까지 달성할 수 있다면 그야말로 금상첨화일 것이다. 이 경우는 투
기나 투자 목적이 우선인 경우와는 분명히 다르다. 그런데 적어도
집과 관련해 우리 사회는 이중적인 모습을 보여왔다. 사회 전체적으
로는 투기나 투자 목적으로 집을 구입하는 행동에 상당히 비판적인
태도를 보이지만 정작 자신의 집을 살 때는 투자 목적을 매우 중요
하게 고려하는 모습을 보이는 것이다.

집, 본래의 기능으로 돌아가다

투자나 투기가 집을 구입하는 가장 중요한 목적일 경우, 당장의 고통을 감내하더라도 보다 많은 시세차익을 실현할 수 있는 집을 구입하는 것이 미덕이 될 수밖에 없다. 보다 큰 투자수익이 가능한 집일수록 바람직한 집이 되는 것이다. 과거 재개발·재건축 등 당장 거주하기는 불편하더라도 개발 이후 엄청난 시세차익을 볼 수 있는 집들이 인기를 끌어 모을 수 있었던 원인이 바로 여기에 있다.

그러나 대한민국 경제는 과거 수십 년 동안 달성했던 고도성장의 영광을 과거의 기억 속에 남겨둔 채 이제 새로운 시대를 열어나가고 있다. 경제규모가 선진국 수준에 도달하면 후진국처럼 높은 경제성장률을 달성한다는 것 자체가 원칙적으로 불가능하기 때문이다. 이러한 변화가 주택시장에 던져주는 의미는 상당하다. 고도의 경제성장은 과거 급속도로 도시화를 촉진시켰으며 이로 인해 도시지역(우리나라의 경우는 수도권 및 지방 중심도시)은 주택재고 부족문제에 시달렸고, 이것이 지속적으로 주택 가격을 상승시키는 원동력으로 작용했다. 실제로 통계청이 발표한 「2010년 인구주택총조사」를 보면 우리나라의 도시화율은 82.0%로 이미 선진국을 포함해도 최고 수준인 상황이다. 이는 곧 도시화의 진행에 따른 주택시장의 양적 성장이 한계에 봉착했음을 의미한다.

위와 같은 이유로 대한민국 주택시장은 종전의 양적 성장에서 질적 성장으로 그 무게중심이 옮겨갈 것으로 보인다. 질적 성장이란 '집'이 본래의 의미대로 '사람이 사람답게 살 수 있는 공간'으로 돌아간다는 의미이다. 시세차익 때문에 고통을 감내하고 인내하도록 강요하는 집이 아니라 굳이 시세차익이 발생하지 않아도 좋은, 그 자체만으로도 충분히 사람들로 하여금 행복을 느낄 수 있도록 해주는 그런 집이 각광받는 시대가 도래한 것이다.

행복을 주는 집이 가치를 지닌다

시세차익 중심의 양적 성장에 무게중심을 두던 시절 주택 가격에 가장 큰 영향을 미치는 변수는 자타공인 직주근접성이었다. 물론 직주근접성은 질적 성장으로 주택시장 성장의 무게중심이 완전히 이동한 이후에도 주택 가격을 결정하는 가장 강력한 변수 중의 하나로 남을 것이다. 다만, 주택시장이 양적 성장을 하던 시절에는 직주근접성을 '직장으로의 통근거리가 30분 혹은 한두 시간'처럼 단순히 계량적인 수치로만 따졌지만 질적 성장으로 전환된 이후에는 계량적 수치가 아닌 정성적 개념이 중요해진다. 가장 대표적인 예로 직주근접성을 통해 사람들이 느낄 수 있는 '행복'을 들 수 있다.

사실 행복은 지극히 주관적인 개념이다. 그러나 많은 사람들이 자신의 집에 거주하면서 만족스럽고 충만한 기분을 느낀다면 그것은 더 이상 주관적인 개념에 머물지 않고 일정 수준 이상 보편화된 개념이라고 볼 수 있다. 다음은 이와 관련된 기사이다.

'통근시간 길수록 행복 못 느껴' 연구결과

통근시간이 길수록 행복감은 반비례한다는 연구결과가 나왔다. 미국의 여론조사기관인 갤럽은 최근 일반인들의 통근시간과 행복지수의 상관관계를 조사했다. 그 결과 직장인들이 집에서 사무실까지 이동하는 데 걸리는 시간이 길수록 평소 느끼는 행복감이 낮은 것으로 나타났다. 통근시간이 평균 90분 이상 걸리는 사람의 40%는 '불필요한 걱정'을 안고 사는 것으로 드러났다. 상대적으로 통근시간이 10분 이내인 사람은 28%만이 매일 '불필요한 걱정'을 한다고 응답했다. 통근시간은 행복지수뿐만 아니라 업무에도 영향을 주는 것으로 밝혀졌다. 통근시간이 길수록 피로감을 느껴 업무에 대한 적극성이 떨어지는 경향을 보였다. 특히 아침 통근시간을 하루 중 '가장 불행한 시간'으로 인식하는 것으로 나타났다.

자료 : 〈서울신문〉 2013. 6. 26

사람마다 행복을 느끼는 포인트는 조금씩 다를 수 있다. 그러나 소설 《안나 까레리나》에 나오는 '행복한 가정은 모두 모습이 비슷하고, 불행한 가정은 모두 제각각의 불행을 안고 있다'는 문장만 보아도 사람들이 행복이라고 생각하는 요소는 비슷비슷하기 마련이다.

이렇게 볼 때 향후 집값은 주택 수요자들이 보편적으로 여기는 '행복'이라는 심리적 변수에 크게 좌우될 것으로 보인다. 그렇기 때문에 전통적으로 집값에 큰 영향을 미친다고 여겨지던 변수들을 원점에서 재검토하는 과정이 반드시 필요하다. 단적인 예로 대형 할인 매장이나 백화점 등 쇼핑 편의시설이 그러하다. 이러한 시설은 행복의 관점에서 세밀한 분석이 필요하다. 이들 시설은 상당한 교통체증을 유발하고, 소음 등으로 삶의 질을 떨어뜨릴 수 있기 때문이다. 양에서 질로의 변화는 적지 않은 충격을 가져오는 한편, 새로운 기회를 창출한다. 주택시장에 불어오고 있는 양에서 질로의 변화는 임대수익을 꿈꾸는 주택 수요자들에게는 분명 좋은 기회가 될 것이다.

전통적으로 집은 여성과 밀접한 관계를 맺어왔다. 이는 곧 여성이 행복을 느낄 수 있는 집이 임대수익을 창출하기 쉬운 집이라는 의미이기도 하다. 여자의 마음은 여자가 안다고 내가 살아도 좋겠다는 느낌이 드는 집, 이곳에서 살면 행복할 것 같다는 기분이 드는 집을 고른다면 충분히 안정적인 월세 수익을 낼 수 있을 것이다.

김박사의 Tip : 집, 행복의 관점에서 접근하라!

★ 행복을 줄 수 있는 집이 돈이 되는 집이다.

★ 내가 행복을 느낄 수 없다면 그 집으로 임대수익은 꿈도 꾸지 마라.

★ 행복은 심리변수이다. 그러므로 상황에 따라 주관적일 수 있다. 이는 여러 가지 변수 가운데 지역에 따라 더 강조되는 변수가 있음을 의미한다. 예를 들어 학령인구가 많은 지역과 20~30대 직장인이 많은 지역은 각각 행복을 느끼는 변수의 우선순위가 다를 수밖에 없다. 이런 차이를 고려하여 주택을 구입하라.

★ 임대수익 창출을 위한 주택을 구입할 때는 2단계를 반드시 거쳐라. 1단계, 자기 스스로 행복을 기대할 수 있는 집인지를 검토하라. 2단계, 내가 기대하는 행복보다 임차인이 기대할 것으로 예상되는 행복에 조금 더 초점을 맞춰라.

Reason ★ 7

여자를 위한
안전 트렌드가 대세다

사회가 갈수록 불안해지고 있다. 과거에는 상상할 수조차 없었던 범죄가 대낮에도 버젓이 일어나고 여자 혼자 밤길을 걷기도, 아이들을 키우기도 무서운 세상이 되어가고 있다. 이는 자본주의가 고도로 발전하면 할수록 점점 더 인간성은 상실되는 데 비해 물질주의 풍조는 강화되기 때문에 발생하는 현상이다. 미국이나 영국, 프랑스 등 주요 선진국에서도 사회적으로 안전 문제의 중요성이 급격히 부각되고 있는 것을 보면 이것이 단순한 기우만은 아니라는 것을 알 수 있다.

안전주거 문제 역시 이 같은 사회적 흐름에 기초하고 있다. 과거에는 주거의 편리성에만 초점을 맞추었다면 최근에는 그에 더해 주거의 안전성을 설계단계에서부터 중요하게 고려하는 트렌드가 본격적으로 형성되기 시작한 것이다. 그 중심에 바로 셉테드(CPTED : Crime Prevention Through Environment Design, 범죄예방 환경설계)가 자리 잡고 있다. 이미 지난 2011년 국토교통부는 '지속가능한 신도시 계획기준' 개정을 통해 신도시 개발시 셉테드 적용을 의무화한 바 있고, 서울·경기·부산 등 지자체들도 앞다투어 범죄예방을 위한 셉테드 프로그램의 도입을 적극적으로 추진하고 있거나 추진을 위한 준비에 박차를 가하고 있는 상황이다. 이에 따라 국내 주요 건설사들도 셉테드를 마케팅에 적극 활용하는 모습을 보이고 있다.

주택시장에 부는 '안전' 마케팅

"서울의 한 아파트에 거주하는 주부 B씨는 아이들이 마음 놓고 뛰어놀 수 있도록 1층으로 이사했는데 집안 내부를 쳐다보는 외부시선 때문에 대낮에도 커튼을 걸을 수가 없다."

프랑스 인류학자 발레리 줄레조는 우리나라를 일컬어 '아파트 공화국'이라 이름 붙였다. 전 국민의 60% 이상이 아파트에 거주하니 틀린 말은 아니다. 그런데 최근 아파트 공화국의 위상이 최근 크게 흔들리고 있다. 좁은 공간에 많은 사람들이 모여 살다 보니 살인, 강도나 성폭행 등 강력범죄에 그대로 노출되고 있기 때문이다. 이처럼 사회문제들이 야기되면서 아파트 분양시장에서도 개인의 사생활과 안전을 위해 설계변경을 시도하고 이를 분양 판촉에 이용하는 '안전제일' 마케팅이 유행처럼 번지고 있다.

세대 전용 엘리베이터,
단지 내 안전강화 등 '안전 고려한 특화 설계' 적용

경찰교육원 손원진 교수가 발표한 '공동주택의 성폭력 실태 및 예방전략'에 따르면 아파트 내 성범죄 중 39.8%가 엘리베이터와 계단에서 일어난다고 한다. 상황이 이렇다 보니 엘리베이터 내 범죄를 원천 봉쇄하기 위해 건설사들이 팔을 걷어붙였다.

삼성건설은 서울 마포 현석동에 분양하는 '마포 웰스트림'에 30평형 이상의 경우 라인마다 엘리베이터를 두 대씩 설치해 엘리베이터 이용시 근처에 수상한 사람이 기다리고 있으면 다음 엘리베이터로 옮겨서 이용할 수 있도록 안전에 만전을 기했다. 또한 충돌시 자동 영상녹화가 되는 자동차 블랙박스처럼 세대 내 침입자 발생시 자동으로 거실조명 점등, 영상이 자동으로 녹화되는 전자경비시스템을 적용할 예정이다. 이 밖에도 놀이터나 산책로 가로등에 옥외비상콜시스템을 적용하는 한편 차량번호 인식 주차관제 시스템을 설치하여 보안에도 만전을 기했다.

동부건설이 인천 계양구 귤현동에 공급 중인 '계양 센트레빌'은 지난 2010년 국내 최초로 범죄예방 환경설계 디자인 인증을 받았다. 엘리베이터에는 위급사항을 자동으로 인식하는 시스템도 도입됐고 비상계단을 밖에서도 볼 수 있도록 유리로 설계했다. 또한 주부들의 전용 커뮤니티 공간도 놀이터와 연계해 아이들을 지켜볼 수 있도록 했다. 특히, 국내 최초의 방범로봇 '센트리'가 도입돼 기존의 CCTV에 잡히지 않던 방범 사각지대도 감시할 수 있으며 적외선 카메라 기능으로 어두운 밤의 움직임도 잘 포착할 수 있다.

자료 : 〈매일경제〉 2013. 6. 22

이처럼 셉테드가 주목을 받는 이유는 학계의 연구나 실제 사례를 통해 셉테드 프로그램이 범죄 감소 및 예방에 긍정적인 영향을 미친다는 것이 확인되고 있기 때문이다. 즉, 셉테드가 생활안전 범죄를 사전에 방지할 수 있는 매우 적합한 대책으로 인정받고 있다는 뜻이다. 그렇기에 임대수익을 보다 효과적으로 창출하기를 원한다면 셉테드가 적용된 주택을 구입하는 것이 바람직하다. 그렇다면 도대체 셉테드란 어떤 것일까?

셉테드의 5가지 기본원리

셉테드의 기본원리부터 살펴보자. 첫 번째는 자연감시(natural surveillance) 원리로 건물이나 시설을 가시성이 최대화되도록 배치하여 낯선 사람들의 활동을 보다 용이하게 인지할 수 있게 한다는 것이다. 범죄가 발생하기 이전에 그 가능성을 감소시키는 것이 목적이다.

두 번째는 접근통제(access control) 원리로 도로·보행로·출입구·

조경 등을 적절한 디자인으로 조성하고 배치하여 자연스럽게 사람들의 동선을 일정한 패턴으로 유도하는 한편 허가받지 않은 사람들의 진출입을 차단하는 것이다. 이로써 범죄 목표물에 대한 접근을 통제하고 범죄위험을 감소시킬 수 있다.

세 번째는 영역성(territoriality) 원리로 지역 주민들이 대상공간을 자유롭게 사용하고 점유함으로써 실질적·가상적 경계를 통해 해당 공간의 위계와 권리를 설정하는 것을 말한다.

네 번째는 활동지원(activity support) 원리로 공공장소에서의 활발한 활동을 유도하는 것을 말한다. 공공장소에 많은 사람들이 활동하면 할수록 범죄의 예방 가능성이 높아지기 때문이다.

마지막으로 다섯 번째는 유지관리(maintenance and management) 원리로 시설이나 공간을 설치한 후 당초 목적대로 활용될 수 있도록 꾸준히 관리함으로써 잠재 범죄자의 범죄욕구를 감소시키는 것을 말한다.

위와 같은 기본원리를 효과적으로 구체화하기 위해 '주거시설 셉테드 가이드라인'을 두고 있는데, 단독주택 셉테드 지침, 연립·다세대·다가구주택 셉테드 지침, 아파트 및 주상복합 셉테드 지침으로 각각 구분된다. 예를 들어 아파트는 단독주택이나 연립·다세대·다가구 주택보다 폭넓은 공간과 시설로 구성되어 있는 만큼 좀 더 섬세하고 다양한 셉테드 지침이 제시되고 있는데 대지 경계나 아파트 단지 출입구는 물론 조경이나 조명, 침입 범죄에 노출되어 있는 저층 공간, 공용 공간, 지하 공간, 옥상, 각 개별 세대의 출입문, 침입경보장치, 주차장, 복지부대시설, 아파트 단지 내 상가, 방범 유지관리,

경비실 및 경비초소, 첨단 아파트 방범 장비 등으로 구성되어 있다.

[표 2-1] **KS A8 801 아파트 및 주상복합시설의 셉테드 지침**

공간 및 시설	지침 항목
대지 경계 및 아파트 단지 출입구	
조경 및 조명	
침입범죄에 취약한 층에 대한 방범	
공용 공간	각 동별 주 출입구 및 공동현관, 단지 내 보행로, 승강기, 계단실
지하 공간	
옥상	
개별 세대로의 침입 용이성	
개별 세대 출입문의 방범수준	
침입경보장치	
주차장	출입통제, 지하주차 구역
복시부대시설	
자전거 보관소	
아파트 단지 내 상가	

자료: 박현호, 〈주거시설 CPTED 가이드 라인 국가표준 KS A 8801(안) 고찰〉, 《산업경영논총》, 2011년 제18집

이상의 내용을 좀 더 이해하기 쉽게 살펴보기 위해 그림으로 요약한 것이 [그림 2-1]이다.

갑자기 원리와 지침이 나오니 딱딱하게 느껴질 수도 있지만 사실 모든 내용을 철저하게 외울 필요도 없고 또 전부 알고 있어야 할 이유도 없다. 다만 셉테드에 대해 개략적으로 이해함으로써 안전한 주거환경을 확보하고 있는 주택인지만 점검할 수 있으면 된다.

주요 선진국이 앞서 경험한 것과 마찬가지로 우리나라에서도 향후 안전 문제가 중요한 이슈로 자리 잡을 것이다. 그 한 분야로 주

[그림 2-1] **아파트의 셉테드 개념 예시**

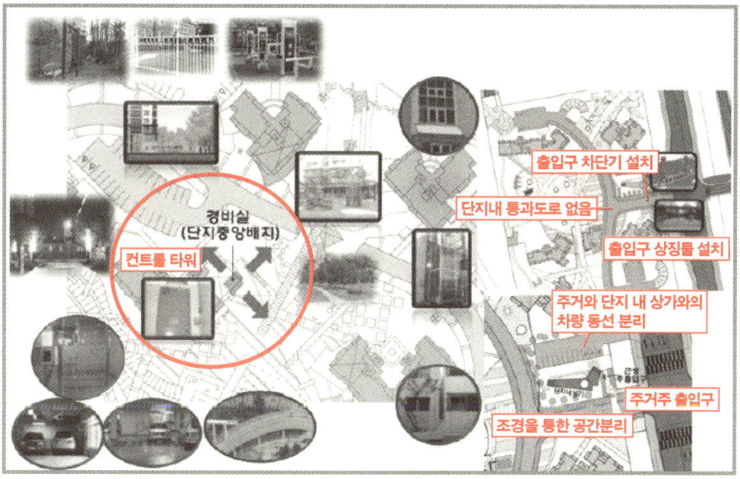

경비실
(단지중앙배지)

컨트롤 타워

출입구 차단기 설치

단지내 통과로로 없음

출입구 상징물 설치

주거와 단지 내 상가와의
차량 동선 분리

주거주 출입구

조경을 통한 공간분리

자료: 박현호, 〈수거시설 CPTED 가이드 라인 국가표준 KS A 8801(안) 고찰〉,《산업경영논총》, 2011년 제18집

거시설에 대한 안전 문제 역시 크게 대두될 수밖에 없다. 따라서 보다 안정적인 임대수익을 원한다면 셉테드 기준에 부합하는 주택을 선택해야 한다.

아이들의 안전이나 자신의 안전에 민감할 수밖에 없는 사람이 바로 여자다. 그렇기 때문에 여성의 관점으로 이 주거공간이 안전한지, 안심하고 살아갈 수 있는 공간인지를 꼼꼼히 살펴보면 임대수익은 부차적으로 따라오게 되어 있다. 깐깐한 여자의 눈이 월세 부자로 가는 지름길이다.

여자에게 어려운 세금 문제,
홈택스가 해결한다

매달 꼬박꼬박 월세를 받는 사람들을 월급쟁이 입장에서 보면 부러운 마음이 들 수밖에 없다. 하지만 임대인이라고 해서 아무런 수고도 없이 월세를 받는다고 생각하면 큰 오산이다. 물론 효과적으로만 관리하면 크게 어려운 부분은 없지만 그래도 소소하게 이것저것 신경 쓰고 챙겨야 할 것이 있기 마련이다. 대표적인 것이 바로 세금 문제다.

사실 대부분의 사람들은 '세금' 하면 일단 겁부터 덜컥 먹고 본다. 작성해야 할 서류도 많고 또 막상 신고하려고 해도 어떻게 해야 하는지를 잘 몰라서 답답함을 호소하는 경우도 적지 않다. 그러나 여러 개의 건물을 소유하면서 많은 임대수익을 창출하는 경우가 아니라면 군이 세금 문제 때문에 그렇게까지 골머리를 썩일 필요는 없다. 의외로 간단하게 세금 문제를 해결할 수 있기 때문이다. 그러니 세금신고 및 납부 등과 관련된 번거로움 때문에 임대수익을 창출하는 것 자체를 주저하고 있다면 전혀 그럴 필요가 없다. 그렇다면 도대체 어떻게 세금 관련 문제를 해결할 수 있을까? 누구 도와줄 사람이라도 있다는 말인가?

답부터 말하자면 그렇다. 분명 세금신고 및 납부와 관련된 문제를 속 시원하게 해결해줄 존재, 즉 도우미가 있다. 이쯤 되면 '혹시 세무사나 공인회계사에게 돈을 주고 의뢰하면 된다는 얘긴가?' 하고 의혹의 눈초리를 보내는 사람도 있을 것 같은데, 미리 말하자면 필자가 말하는 도우미는 세무 관련 서비스를 제공하고 수수료를 받는 세무전문가는 절대로 아니다. 무료로 서비스를 제공하는 데다 무엇보다 사람이 아닌 인터넷 홈페이지이기 때문이다. 바로 '홈택스'가 그 주인공이다.

홈택스를 통해 세무신고 및 세금납부와 관련된 다양한 서비스를 받으려면 우선 회원가입을 해야 한다. 이때 공인인증서가 필요하니 없다면 발급받아두기를 바란다. 홈택스를 활용하면 여러모로 편리하다. 각종 세금 관련 증명서를 발급받을 수 있을 뿐만 아니라 부가가치세는 물론 종합소득세 등 각종 세금신고를 할 수 있으며 세금납부와 관련된 서비스도 제공받을 수 있기 때문이다. 활용방법도 어렵지 않다. 홈페이지 곳곳에 활용방법이 제공되어 있어 그대로 따라하면 어렵지 않게 모든 일처리를 할 수 있다.

임대수익을 올리는 건물 주들이 신고해야 하는 세금은 크게 부

[그림 2-2] **홈택스 초기화면**

자료: 홈택스(www.hometax.go.kr)

[그림 2-3] **홈택스의 민원상담 서비스 주요 내용**

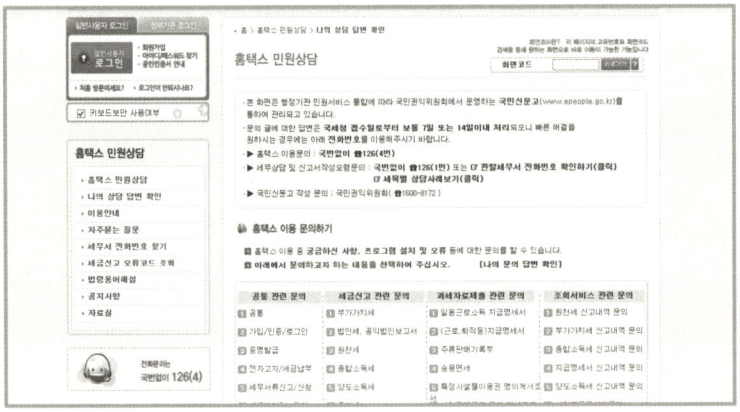

자료: 홈택스(www.hometax.go.kr)

가가치세와 종합소득세로 구분할 수 있는데 부가가치세는 총 네 번의 신고(예정신고 두 번, 확정신고 두 번)를 하는 것이 원칙이고 종합소득세는 다음 해 5월 31일까지 신고하는 것이 원칙이다. 따라서 탈세를 하기로 작정하지 않는 이상 홈택스 홈페이지에 접속해 있는 그대로 입력하기만 하면 모든 일이 끝난다. 그 외에도 홈택스를 활용하면 세무 측면에서 여러 가지 도움을 받을 수 있기에 매력적이다.

세금신고 관련 문의는 물론 과세자료 제출, 조회서비스 및 증명 발급·전자고지 등과 관련된 문의까지 할 수 있는 홈택스 민원상담 은 초보자뿐만 아니라 일정 수준 이상의 세무지식을 갖고 있는 사람 들에게도 매우 유용하다.

다음으로 활용빈도가 높은 서비스는 양도소득세 계산, 1세대 1주택 양도소득세 비과세 확인, 증여세 자동계산, 장애인차 개별소 비세 세액계산 등에 대한 정보를 제공하는 생활세금 관련 서비스이 다. 생활과 관련된 다양한 세금을 처리할 수 있으므로 알아두면 크 게 유용하다.

위에서 언급한 내용 외에도 홈택스는 방대한 내용을 담고 있다. 그리고 이용하기도 간단하고 편리하다. '세금'이라는 단어 자체만

[그림 2-4] 홈택스의 생활세금 서비스 주요 내용

자료: 홈택스(www.hometax.go.kr)

으로도 잔뜩 움츠러들기 쉬운 모든 이들에게 효과적인 도움을 줄 수 있는 만큼 홈택스를 적극적으로 활용하면 세금 문제에 대한 걱정 없이 오직 임대수익 확보에만 전력을 기울일 수 있을 것이다. 세금이라는 것이 평소 꼼꼼하게 관련 증빙서류를 챙기고 신고만 잘 하면 큰 문제가 없기 마련이지만 의외로 여성들은 세금에 대해 막연한 어려움 내지 당혹스러움을 느끼는 경우가 많다.

하지만 이제 더 이상 세금 문제 때문에 두려워할 필요도, 또 어려워할 필요도 없다. 홈택스가 있으니 말이다. 그러므로 세금이라는 다소 까다로운 장벽을 하나 치워낼 수 있게 된 지금은 과거에 비해 여성들이 월세 부자가 되는 길이 확연히 넓어졌다고 할 수 있다.

김박사의 Tip : 세금 관련 어려움, 이렇게 해결하라!

★ 집 한 채 혹은 상가 한 채를 구입해 임대하고자 하는 경우라면 세금 문제는 크게 걱정하지 않아도 된다.

★ 웬만한 세금 관련 의문과 문제는 홈택스로 해결이 가능하다.

★ 홈택스로도 해결이 안 된다면 그때 신뢰할 수 있는 주치 세무사를 확보하라.

Reason ★ 9

여자는 보수적이면서도
과감하다

오늘날 하우스푸어 문제가 급속도로 불거진 가장 큰 원인은 부담
능력을 넘어서는 대출을 받아 주택을 구입한 사람이 많기 때문이다.
원리금 상환의 압박에 시달리다가 경제적 사망선고를 받았거나 받
을 것으로 예상되는 사람들도 많다. 즉, 모든 문제는 자신의 부담 능
력을 넘어선 과도한 대출과 이로 인한 엄청난 이자부담에서 비롯된
것이다. 그래서 그런지 몰라도 요즘은 '대출'이라는 단어 자체에 경
기를 일으키는 사람들도 덩달아 늘어났다. 다음과 같은 이유 때문
이다.

　즉, 부동산 가격이 하락하면 단순비교만 해봐도 은행대출을 받
은 경우가 그렇지 않은 경우에 비해 더 큰 손실을 감수해야 한다. 그

[표 2-2] **부동산 가격이 하락할 경우 시뮬레이션**

순수자기자본으로 부동산 구입	VS	은행대출을 활용하여 부동산 구입
☆ 2억 원의 부동산을 구입 : 구입대금 전액을 보유 현금으로 지불 → 시세가 1억 4천만 원으로 하락 : 시세하락에 따른 손실은 6천만 원 : 구입가격 대비 투자손실률은 30% : 대출이자를 감안한 투자손실률도 30%		★ 2억 원의 부동산을 구입 : 구입대금의 50%를 은행대출로 충당 → 시세가 1억 4천만 원으로 하락 : 시세하락에 따른 손실은 6천만 원 : 구입가격 대비 투자손실률은 30% : 대출금리 6%, 연간이자 600만 원 : 대출이자를 감안한 투자손실률은 33%

[표 2-3] **부동산 가격이 상승할 경우 시뮬레이션**

순수자기자본으로 부동산 구입	VS	은행대출을 활용하여 부동산 구입
☆ 2억 원의 부동산을 구입 : 구입대금 전액을 보유현금으로 지불 → 시세가 3억 원으로 상승 : 시세차익은 1억 원 : 투자자금 대비 투자수익률은 50% : 대출이자를 감안한 투자수익률도 50%		★ 2억 원의 부동산을 구입 : 구입대금의 50%를 은행대출로 충당 → 시세가 3억 원으로 상승 : 시세차익은 1억 원 : 투자자금 대비 투자수익률은 100% : 대출금리 6%, 연간 이자 600만 원 : 대출이자를 감안한 투자수익률은 94%

러나 모든 일은 과유불급이라고 하지 않던가. 이자를 무서워하고 가급적이면 자기자본만으로 부동산을 구입하려는 자세는 바람직하다고 할 수 있지만 이자 자체를 혐오하거나 터부시하는 자세는 결코 바람직하지 않다.

[표 2-3]처럼 부동산 가격이 상승한 경우를 생각해보자. 과연 백퍼센트 순수자기자본만으로 부동산을 구입한 사람이 현명했다고 볼 수 있는지를.

이처럼 부동산 가격이 상승할 때는 감당할 수 있는 대출을 받아서 부동산을 구입하는 경우가 순수자기자본만으로 부동산을 구입하는 경우보다 투자자금 대비 수익률이 월등히 높다. 여기서 의문을 가질 법도 하다. '그건 부동산 시장이 회복한 이후에나 의미 있는 비교가 아닐까? 지금은 시장이 이 모양인데……' 하고 말이다. 요즘처럼 부동산 시장이 극심한 침체기를 겪고 있는 상황에서는 충분히 있을 법한 의문이다. 하지만 생각해보라. 경제는 호황과 불황이라는 사이클을 그리면서 순환변동을 한다. 그렇다면 경기에 영향을 받는 부동산 시장 역시 나름 순환변동을 하는 모습을 보이는 것이 당연하지 않을까? 아니면 경기가 아무리 회복되어도 부동산 시장만큼은 지속적으로 침체 또는 하락하는 것이 맞을까? 모르긴 몰라도 대부분의 독자들은 부동산 시장 역시 순환변동을 한다는 쪽에 동의할 것이다.

그런데 여기서 오해의 소지를 없애기 위해 한 가지 꼭 짚고 넘어가야 할 것이 있다. 부동산 시장이 순환변동을 한다는 것이 과거처럼 엄청난 수준의 가격폭등 현상이 발생한다는 의미는 결코 아니라는 것이다. 즉 필자가 말하고자 하는 순환변동은 '폭등이 아닌 거래가 정상화되고 충분히 납득할 수 있을 만한 수준의 가격상승 현상'을 뜻한다.

부동산 시장이 과거와 같은 폭등을 연출하지 못할 것이라고 해서 정상적이고 납득할 만한 수준의 가격상승 현상까지 부정할 수는 없는 노릇이다. 이마저 부정한다면 정상적인 시장 기능이 상실된 것이라고 말할 수 있기 때문이다. 따라서 이자를 납부하더라도 충분히 감당할 만한 수준의 대출을 받아 부동산을 구입하는 전략 자체를 극단적으로 거부할 필요는 없다. 시장 상황이 좋지 않을 때라면 몰라도 시장 상황이 좋아지면 좋아질수록 타인자본, 즉 적정 수준의 대출을 받아 부동산을 구입하는 전략은 매우 효과적일 수도 있다. 따라서 시장 상황이 호전되고 있음에도 불구하고 백퍼센트 자기자본으로 원하는 부동산을 구입할 수 있을 때까지 기다리다가는 저가에 부동산을 매수할 기회를 잃거나 자칫 부동산 구입 자체를 못하는 상황에 직면할 수도 있다. 모든 문제의 핵심은 부동산 시장의 상황이지, 대출을 활용하느냐 안 하느냐의 문제가 아니라는 의미다.

그러므로 대출 자체를 혐오하거나 극단적으로 기피해서는 곤란하다. 시장 상황을 정확하게 진단한 후 시장의 회복 가능성에 무게가 실리고 있다고 판단한다면 대출원리금 상환부담을 충분히 감당할 수 있는 수준에서 적극적으로 대출을 활용해 부동산을 구입하는 전략도 효과적일 수 있음을 반드시 기억해두기 바란다. 이런 점에서 볼 때 과거 대한민국 부동산 시장에서 화두가 되었던 복부인을 상기해볼 필요가 있다. 이들은 무모한 듯 보이지만 결코 자신들의 능력을 넘어서는 투자는 하지 않았다. 그렇기에 엄청난 불로소득을 창출할 수 있었던 것이다. 물론 이들에게서 투기를 배우자는 것은 아니다. 하지만 이자를 두려워하는 보수적 투자습관을 지니고 있는 동시에, 필요한 경우에는 과단성 있게 투자를 실행할 수 있는 배짱은 배울 필요가 있다.

여성들은 종종 남성보다도 과감하고 결단력 있는 행동을 보이는 동시에 부동산을 구입하는 마지막 순간까지 꼼꼼하게 계산하는 보수적 투자를 하는 모습을 보인다. 이는 '이자를 두려워하되 혐오하지는 않아야 한다'는 부동산 투자의 원칙에 잘 부합된다. 여성이 월세 부자가 될 수 있는 가능성은 이런 속성에서도 찾아볼 수 있다. 월세 부자가 되려면 부동산 시장 상황을 면밀히 살피고 기회가 왔을 때 과감하면서도 꼼꼼한 투자를 할 수 있어야 한다.

김박사의 Tip : 이자를 대하는 자세!

★ 부담능력을 넘어서는 이자는 독이다.

★ 원금상환은 미룬 채 이자만 납부하는 대출은 당신의 살과 뼈를 갉아먹는 기생충이다.

★ 부동산 구입시 대출의 활용여부는 시장 상황에 따라 결정하라.

★ 시장 상황이 침체국면을 벗어나고 있다고 판단된다면 은행대출을 무서워할 필요가 없다.

★ 대출은 결코 적이 아니다. 자산을 구입할 때 잘 활용하면 도움이 되는 도구라는 점을 명심하라.

여자는 스마트폰을
똑똑하게 활용한다

'인터넷 시대'가 도래했노라고 호들갑을 떨던 것이 불과 얼마 전 같은데 어느덧 스마트폰을 모르면 '디지털 난민'으로 치부되는 시대가 되었다. 스마트폰이 급속도로 우리 일상생활 속으로 파고든 결과다. 스마트폰만 있으면 쇼핑도 할 수 있고 영화감상을 할 수도 있으며 누군가를 기다리는 자투리 시간에 게임을 하거나 책을 읽을 수도 있다. 어디 그뿐인가. 미팅 장소로 가는 도중에 음악을 들을 수도 있고 혹여 잘 모르는 곳을 찾아갈 때는 스마트폰이 알려주는 길을 따라가기만 하면 빠르게 약속장소에 도착할 수 있다. 이뿐만이 아니다. 각종 은행거래, 주식거래 등 금융업무까지 스마트폰만 있으면 언제 어디서든 손쉽게 처리할 수 있다. 그야말로 스마트폰이 알라딘의 요술램프처럼 우리가 일상생활에서 원하는 것을 손쉽게 이루도록 도와주고 있는 것이다. 이러니 스마트폰이 없거나 있어도 제대로 활용하지 못하는 사람들을 가리켜 디지털 난민이라고 부르는 것이다.

일상생활의 스마트폰화는 부동산 시장에도 엄청난 영향을 미치고 있다. 스마트폰만 잘 활용해도 과거 특정계층의 전유물처럼 여겨지던 부동산 관련 고급정보를 어렵지 않게 확보할 수 있고, 이를 통해 각종 부동산 관련 의사결정을 할 수 있게 되었기 때문이다. 스마트폰을 통해 부동산 정보를 얻을 수 있는 방법은 크게 모바일 홈페이지와 앱으로 구분할 수 있다. 두 가지 방법 모두 효과적이지만 특히 정부가 제공하는 고급 부동산 정보는 앱을 통해 손쉽게 확인할 수 있다. 대표적인 앱으로 '토지이용규제정보서비스(LURIS)'와 '스마트국토정보'를 들 수 있다.

[그림 2-5]는 '토지이용규제정보서비스' 앱을 실행하면 나타나는 창이다. 토지와 관련된 각종 '규제나 인허가 절차'는 물론 관심지역을 등록해두면 규제가 변경된 경우 이를 알려주는 '규제변경알리미', 토지 소재지의 위치를 지도로 확인할 수 있도록 도움을 주는 '지도서비스' 등을 제공하고 있음을 알 수 있다. 모두 스마트폰만 있으면 언제 어디서나 확인할 수 있는 내용이라는 것이 믿기지 않을 정도로 가치 있는 정보이다.

'스마트 국토정보' 앱은 언제 어디서나 스마트폰을 이용해 전국의 부동산 정보를 손쉽게 조회할 수 있다는 장점이 돋보이는 앱으로 주요 기능은 크게 네 가지로 구분할 수 있다. 가장 먼저 '내 위치

[그림 2-5] **토지이용규제정보서비스 앱 실행화면**

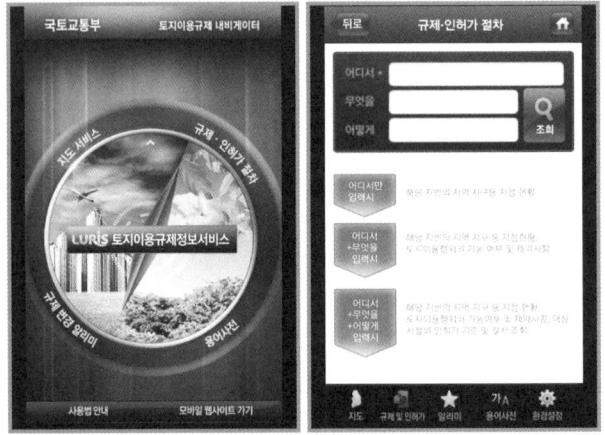

자료: 국토교통부

의 부동산 정보 조회'를 들 수 있다. 스마트폰에 탑재된 GPS를 활용해 자신이 서 있는 위치에 대한 연속 지적도, 항공사진(정사영상)과 도로명 지도 등의 정보와 토지·건축물 대장에 대한 정보를 조회할 수 있는 기능이다. 두 번째로 '부동산 정보 검색'을 들 수 있는데 이는 지번이나 도로명 주소를 이용해 전국의 토지와 건물에 대한 토지대장·건축물대장·연속지적도 및 항공사진 등을 조회할 수 있는 기능이다. 세 번째로 '지적통계' 기능인데 이를 통해서는 전국의 행정구역별·소유구분별·지목별 통계를 빠르고 간편하게 조회할 수 있다. 마지막은 '해양관측'으로 이는 바다의 해상풍·해면기압·파도 높이·해일고 및 조류 정보 조회 등을 제공한다.

'스마트 국토정보' 앱 역시 '토지이용규제정보시비스' 앱과 마찬가지로 폭넓고 다양한 부동산 정보를 제공하고 있어 매우 유용하다. 이는 곧 누구든 부지런하기만 하면 스마트폰으로도 얼마든지 돈

[그림 2-6] **스마트 국토정보 앱 실행화면**

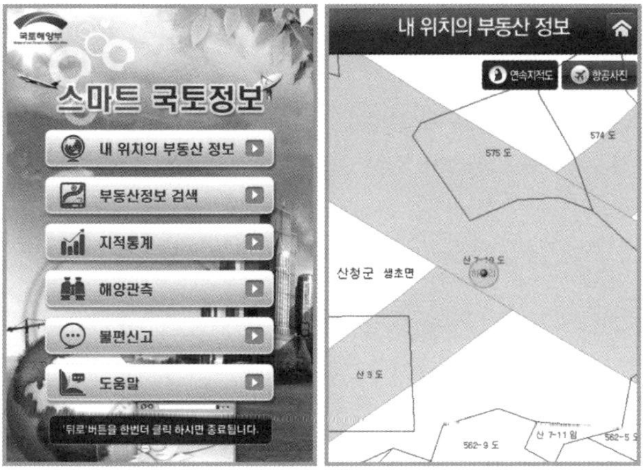

자료: 국토교통부

이 되는 정보를 확인할 수 있다는 것을 의미한다. 다가올 미래에는 정보의 스마트폰화가 더욱 가속화될 것이 분명하다. 물론 부동산 시장에서 스마트폰의 중요성도 함께 커질 것으로 보인다.

　문제는 정보가 넘쳐날수록 그 정보의 가치를 알아보는 사람이 줄어든다는 것이다. 흔히 쉽게 얻은 것은 가치가 없다고 착각한다. 행동경제학에 따르면 누구나 쉽게 접근할 수 있는 정보는 그 소중함을 과소평가하는 경우가 많다고 하니 이는 어느 정도 타당한 말이라 할 수 있다. 그러나 필자는 지금 스마트폰을 들고 있는 여성이라면 자신의 손안에 있는 정보를 과소평가하지 않을 것이라고 확신한다. 틈나는 대로 이것저것 꼼꼼하게 스마트폰으로 정보를 찾고, 읽고, 활용하는 것을 마다하지 않는다면 누구나 월세 부자가 될 수 있다.

김박사의 Tip : 스마트폰 재테크

★ 스마트폰은 정보의 보고이다.

★ 앱과 모바일 홈페이지를 자주 활용하라.

★ 앱을 통해 토지 관련 고급정보를 점검하고 위치를 꼼꼼하게 확인하라.

★ 미래에는 스마트폰 재테크의 중요성이 더 커질 것이다. 당장 스마트폰 재테크 능력을 키워라.

Reason ★ 11

여자는 트렌드를 읽는
눈이 밝다

경제는 순환변동한다. 그렇다고 해서 항상 똑같은 형태로 순환변동
하는 것은 결코 아니다. 아니 좀 더 자세하게 말하면 과거와 동일한
순환변동이란 존재하지 않는다. 경제를 둘러싸고 있는 다양한 변수
들이 과거와 백퍼센트 동일할 수 없기 때문이다. 하지만 아무런 원
칙이 없는 것은 아니다. 경제가 순환변동하되 후퇴가 아닌 전진하
는 순환변동이어야만 한다는 것이 바로 그 원칙이다. 어느 나라, 어
느 시대건 경제가 끊임없이 발전해나가야 비로소 그 나라, 그 시대
가 존속할 수 있다. 역사 속에서 찬란하게 위세를 떨쳤던 수없이 많
은 나라와 사회공동체들이 힘없이 스러져 역사의 뒤안길로 사라진
가장 큰 원인은 과연 무엇일까? 누가 뭐래도 그 중심에는 경제 문제

가 자리 잡고 있다. 경제가 후퇴하면 돈이 돌지 않는 '돈맥경화' 현상이 나타나고 그러면 아무리 강력한 국가나 체제도 결코 존속할 수 없다. 이는 불변의 진리이다. 이런 이유로 경제는 시간과 공간을 초월해 국가나 사회체제의 존속을 담보하는 가장 중요한 변수라고 할 수 있다.

자본주의 경제체제하에서 경제는 지속적으로 발전하면서 순환 변동하는 모습을 보인다. 이 같은 긍정적 흐름은 엄청난 기술진보에 힘입은 바가 크다. 또한, 이 과정에서 경제발전의 동력이 되는 새로운 트렌드가 형성되고는 했다. 2013년 삼성경제연구소는 글로벌 기업경영의 트렌드를 사업전략(쇄신, 모색), 글로벌 전략(재배치, 신흥시장), 경쟁전략(연합, 융합, 전가)으로 구분해 일곱 가지로 제시하였는데, 우리 경제가 생존하고 발전하기 위해 반드시 활용해야 할 것이 바로 트렌드이다.

경제에 트렌드가 있는 것처럼 그 하위시장인 부동산 시장에도 트렌드가 존재해왔고, 현재도 존재하고 있으며, 다가올 미래에도 분명 존재할 것이다. 그러므로 부동산 시장에서 살아남고 지속적으로 발전하려면 부동산 공급자는 물론 수요자들 역시 일반경제에 비해 빠르지는 않지만 꾸준하게 변화하는 부동산 시장의 트렌드를 분석하고 이를 활용해 의사결정을 해야만 한다.

예측할 수 있는 3가지 트렌드

그렇다면 향후 부동산 시장에 불어 닥칠 강력한 트렌드에는 어떤 것이 있을까? 무수히 많은 트렌드가 다가올 것이기 때문에 이를 모두 다 예측하기란 사실상 불가능하다. 그럼에도 불구하고 몇 가지 트렌드는 확실하게 예측할 수 있다. 새로운 트렌드의 중심에 인구구조의 변화가 자리 잡고 있기 때문이다. 대표적으로 절대인구의 감소, 가구분화에 따른 가구 수 증가현상, 인구고령화 문제를 들 수 있다.

가장 먼저 절대인구의 감소가 부동산 시장에 미칠 파급효과와 이로 인해 형성될 새로운 트렌드를 살펴보자. 절대인구의 감소는 수익성 부동산과 주택의 수요 감소현상을 초래할 것이다. 그럼에도 불구하고 가격 양극화 현상은 오히려 그 어느 때보다 심화될 것으로 보인다. 즉, 학교인프라, 직주근접성, 생활편의시설, 웰빙 주거환경 등 우량 주거지역에 입지하고 있는 주택에 대한 선호현상이 더욱 강력해지고 이들 지역의 주택 가격이 상대적으로 강세를 띨 것이라는 의미다. 수익성 부동산 역시 상권 파워가 떨어지는 곳과 그렇지 않은 곳 사이의 양극화 현상이 심화될 전망이다. 이로 인해 도심에 비해 도심외곽, 수도권 중심지역에 비해 수도권 외곽지역의 상권이 충격을 받을 것으로 보인다. 이른바 돈이 되는 부동산에는 더욱 수요가 몰려 가격이 상승하는 반면 그렇지 않은 부동산은 철저하게 외면을 받게 될 것이다.

다음으로 가구분화에 따른 가구 수 증가현상과 관련된 새로운 트렌드를 살펴보자. 가구분화에 따른 가구 수 증가현상은 절대인구의 감소로 인해 발생될 부동산 수요 감소 문제를 일정 수준 상쇄시켜줄 수 있을 것으로 보인다. 다만, 가구분화의 핵심이 1인가구 및 2인가구인 만큼 이들을 타깃으로 하는 소형주택들이 당분간 특수를 이어갈 것으로 예측되나 단기적으로는 과잉공급에 따른 임대수익률 하락, 매매가격 하락 현상에 직면할 가능성이 높다. 그러므로 절대인구와 가구 수 증가현상이 동시에 발생하는 지역을 주목하는 트렌드가 형성될 것이다. 이런 측면으로 볼 때 2035년까지 가구 증가현상이 꾸준할 것으로 예상되는 수도권 부동산 시장은 상당기간 투자유망지역으로 자리 잡을 가능성이 높다. 특히 서울, 경기도, 인천, 충남 등 가구 수 증가현상이 예상되는 지역이 새로운 투자 트렌드를 형성할 것이다.

마지막으로 인구고령화와 관련된 새로운 트렌드를 살펴보자. 인구의 고령화는 필연적으로 생활편리성이 돋보이는 부동산에 대한 수요 집중현상을 촉발할 것이다. 이때 편리성은 종합적인 편리성, 즉 원스톱 기능이 잘 갖춰져 있는가를 의미한다. 또한 은퇴와 본격적인 고령화 진입을 앞두고 있음에도 불구하고 여전히 전원생활에 대한 욕구가 높은 제1차 베이비부머 세대들에 비해 상대적으로 도시화에 따른 주거편리성을 경험한 제2차 베이비부머 세대들은 전원이 아닌 도심 선호현상을 보이므로 도심지역이 또다시 새로운 투자 트렌드로 형성될 것으로 보인다. 주택시장에서는 노인친화적 주택이 크게 부각될 것이고, 수익형 부동산 시장에서는 고령친화형 수익형 부동산(고령자용 놀이방, 고령자용 운동방, 고령자용 게임방 등)이 틈새시장으로 부각될 것으로 예상된다.

결국 인구고령화는 외곽지역이 아닌 도심을, 주거편리성·상업목적 이용의 편리성·의료서비스의 신속성을 갖춘 지역을, 고령자 커뮤니티가 활성화되어 있는 지역을, 대중교통 특히 지하철 접근성이 잘 갖춰진 곳을, 여러 건물에 기능이 분산된 경우보다 하나의 건물 안에 여러 기능이 밀집되어 있는 건물을 주목하는 투자 트렌트를 형성할 것이다.

위에 제시한 인구구조 측면에서의 변화가 부동산 시장에 초래할 다양한 트렌드 외에도 무수히 많은 트렌드들이 출현할 것이다. 이때 새로운 트렌드를 성공적으로 읽어내고 적용한다면 누구나 월세 부자의 길에 들어설 수 있다. 새로운 트렌드에 민감하게 반응한다면 월세 부자로 가는 길을 보다 빠르고 정확하게 열 수 있을 것이라고 확신한다.

김박사의 Tip : 새로운 트렌드가 월세 부자를 만든다!

★ 원룸텔, 고시텔도 새로운 트렌드를 읽었기에 가능했다.

★ 부동산 시장에서는 항상 새로운 트렌드가 형성된다.

★ 무작정 새로운 트렌드를 수용한다고 해서 성공할 수 있는 것은 아니다.

★ 월세 부자가 되고 싶다면 새로운 트렌드를 성공적으로 활용하라.

Q 신뢰할 만한 정보가 담긴 부동산 사이트 없을까요?

A 네. 좋은 질문입니다. 임대사업을 하다 보면 본의 아니게 임차인과 의견충돌을 겪기도 하고 그것이 과하면 각종 임대차 분쟁으로까지 연결되곤 합니다. 이런 경우 여기저기 물어보기도 애매하고 그렇다고 큰일도 아닌데 변호사를 찾아가 법률자문을 받기도 부담스러운 것이 사실입니다.

이럴 때는 우선 분쟁의 내용이 혹시 법에서 정한 내용은 아닌지 확인하는 것이 좋습니다. 주택인 경우에는 '주택임대차보호법'을, 상가인 경우에는 '상가건물임대차보호법'을 확인하는 것이 가장 빠르고 정확합니다. 인터넷으로 확인하고 싶다면 법제처 (www.moleg.go.kr) 사이트에 접속해서 법령 이름을 입력한 후 검색하면 각각의 법이 규정하고 있는 내용을 아주 손쉽게 확인할 수 있습니다. 다음으로 스마트폰으로 확인하고 싶다면 활용의 편리성을 위해 구글장터(Play스토어) 혹은 애플 앱스토어에서 '국가법령'과 'Smart 생활법률' 어플을 다운받아두시면 언제든 관련 법률규정을 확인할 수 있습니다.

또한 전세나 월세 임대시세를 확인하고 싶거나 공인중개사 사무소에 임대매물이 얼마나 나와 있는지를 확인하고 싶다면 부동산 포털사이트를 알아두면 편리합니다. 부동산114(www.r114. co.kr), 닥터아파트(www.drapt.co.kr) 등을 참고하면 됩니다.

부동산 실거래와 관련된 자료 역시 매매나 거래동향을 파악하는 데 도움이 됩니다. 이때 가장 도움이 되는 것이 바로 국토교통부 실거래가 자료인데, 국토교통부 주택실거래 홈페이지 (http://rt.molit.go.kr)에 접속하면 관련 자료를 확인할 수 있습니다. 국토교통부 앱을 설치하면 스마트폰으로도 얼마든지 관련 자료를 참고할 수 있습니다.

Q 부동산 관련 기사를 읽을 때 가장 먼저 볼 것은 무엇인가요?

A 부동산 기사는 여러 가지 종류가 있습니다. 시세와 관련된 기사도 있고 부동산 제도나 정책과 관련된 기사도 있습니다. 이 외에도 다양한 부동산 기사들이 있지요. 그렇다면 어떻게 해야 이처럼 다양한 부동산 기사를 체계적으로 이해해 내 것으로 만들 수 있을까요?

말로 하기는 쉽지만 실천하기는 쉽지 않은, 하지만 효과만큼은 확실한 방법이 하나 있습니다. 바로 스크랩입니다. 여러 가지 부동산 기사를 모두 다 읽고 이해하고자 한다면 그것은 욕심입니다. 매일 부동산 관련 기사가 얼마나 많이 쏟아지는지 몰라서 그런 생각을 하는 것인지도 모릅니다. 따라서 취사선택을 해야 하는데, 핵심은 정부의 부동산 정책이나 제도, 부동산 시장 전망 및 시세동향과 관련된 기사에 있습니다. 그러므로 해당 기사를 꾸준히 읽고 스크랩을 해두었다가 틈나는 대로 꼼꼼하게 분석하면 됩니다. 이렇게 하면 각종 부동산 정책이 부동산 시장에 어떤 영향을 주는지, 경제의 변동에 따라 부동산 가격이 어떻게 움직이는지 보다 분명하게 이해할 수 있습니다. 다만, 신문이나 잡지 등에 종종 등장하는 기사형태의 분양 광고는 주의해야 합니다. 기사처럼 보이지만 실상은 광고이기 때문입니다.

Q 임대 목적으로 아파트를 구입할 때, 신규분양을 받아야 할 수 있나요?

A 아닙니다. 굳이 신규분양을 받지 않고 기존의 중고주택을 구입해도 임대사업을 할 수 있습니다. 신규분양을 받아야만 임대사업을 할 수 있다고 생각하는 이유는 아마도 그동안 임대사업자에 대한 정부의 지원이 신규분양에 맞춰져 있었기 때문인 것 같은데요. 점차 기존 주택을 구입해 임대사업을 하는 임대사업자들에게도 다양한 혜택이 주어지는 추세이기 때문에 굳이 신규분양에 집착할 필요는 없을 듯합니다.

Q 임대사업 등록을 하면 어떤 혜택이 있나요?

A 임대사업 등록을 하면 다양한 혜택을 받을 수 있습니다. 2013년 8월 28일 발표된 8·28대책에는 민간의 임대주택 공급을 활성화하기 위한 방안이 여러 가지 들어 있습니다. 민간 임대사업자의 주택 구입자금 지원을 확대하기 위해 금리를 2.7~3%까지 인하하는 것은 물론 대출한도 역시 최대 1억 5천만 원까지 확대하는 동시에 매입 대상 주택도 종전 미분양에서 기존 주택까지 확대 적용하도록 했습니다. 뿐만 아니라 매입 임대사업자가 5년 이상 임대를 한 후 보유 부동산을 처분할 경우 6년째부터 장기보유특별공제율을 확대했는데 10년간 최대 40%까지 적용하도록

했습니다. 마지막으로 기준시가 3억 이하의 신축·매입 주택(국민
주택 규모 이하, 주거용 오피스텔)을 3호 이상, 5년 이상 임대하는
경우 소형주택 임대사업자의 임대소득으로 보고 소득세·법인세
를 20% 감면받을 수 있습니다. 이 외에도 보유세에 대한 감면혜
택도 있으니 혜택이 정말 다양하다고 볼 수 있겠습니다.

3부

여자가 꼭 알아두어야 할 10가지 사회 변혁

Change ★ 1

'인구감소 현상'을 알아야 지혜로운 투자가 가능하다

앞서 살펴본 것처럼 출생률 감소에 따라 인구감소 문제가 현실화되고 있다. 물론 당장 인구감소 현상이 나타나지는 않을 것이다. 아직까지는 인구가 증가하고 있기 때문이다. 이는 2010년 발표된「인구주택총조사」결과를 통해서도 확인할 수 있다.

해당 자료에 따르면 2010년 11월 1일 현재 우리나라의 전체인구는 4,858만 293명인 것으로 나타났다. 이는 2005년 대비 2.8%포인트 증가한 것으로 절대인구 자체는 여전히 증가하고 있음을 보여준다. 그렇다면 인구감소는 기우에 불과한 것일까?「인구주택총조사」결과를 조금만 분석해보면 우리나라가 왜 인구감소 문제를 걱정해야 하는지 그 이유를 어렵지 않게 발견할 수 있다.

[표 3-1] 인구주택 총조사 인구 규모

(단위: 명, %)

구분	2005년(A)	구성비	2010년(B)	구성비	증감(B-A)	증가율
계	47,278,951	100.0	48,580,293	100.0	1,301,342	2.8
남자	23,623,954	50.0	24,167,098	49.7	543,144	2.3
여자	23,654,997	50.0	24,413,195	50.3	758,198	3.2
내국인	47,041,434	99.5	47,990,761	98.8	949,327	2.0
외국인	237,517	0.5	589,532	1.2	352,015	148.2

자료 : 통계청

[표 3-2] 대한민국 정부 수립 후 연도별 총조사 인구

(단위: 천 명, 명/㎢, %)

조사연도	인구	증감	연평균 증가율	인구밀도
1949년	20,189	–	–	214
1955년	21,526	1,338	1.1	222
1960년	24,989	3,463	3.0	254
1966년	29,193	4,204	2.6	296
1970년	31,466	2,273	1.9	320
1975년	34,707	3,241	2.0	351
1980년	37,436	2,730	1.5	379
1985년	40,448	3,012	1.6	409
1990년	43,411	2,962	1.4	438
1995년	44,609	1,198	0.5	449
2000년	46,136	1,527	0.7	464
2005년	47,279	1,143	0.5	474
2010년	48,580	1,301	0.5	486

자료 : 통계청

[표 3-2]의 결과를 살펴보자. 전체인구는 50년 전인 1960년에 비해 1.9배 증가한 것으로 나타났다. 이렇게 인구가 성장할 수 있었던 배경에는 1955년 이후 1990년까지 연평균 인구증가율이 최저

1.1%에서 최고 3%에 달하는 수준을 기록했다는 사실이 자리 잡고 있다. 그런데 바로 이 연평균 인구성장률이 1995년 이후 단 한 번을 제외하고는 0.5% 성장에 그치고 있다. 여기서 앞으로 우리에게 닥쳐올 인구감소 문제를 보다 분명하게 인식하기 위해 통계청에서 발표한 「장래인구 추계 결과」를 살펴보도록 하자. 이에 대한 내용은 [표 3-3]에서 확인할 수 있다.

해당 자료는 우리나라의 인구가 각각 저위·중위·고위 성장한다는 가정하에 각각의 추계인구를 제시하고 있는데 가장 먼저 인구성장 중위가정에 따르면, 총인구는 오는 2030년에 5,216만 명으로 정점을 기록한 이후 감소하기 시작해 2060년에는 1992년 수준인 4,396만 명이 될 것이라고 한다. 인구성장률이 2010년 0.46%에서 감소하기 시작해 2031년부터 마이너스 인구성장을 시작한 후 2060년에는 -1.0% 수준까지 감소한다는 가정에 기초한 것이다.

다음으로 높은 수준의 출산율과 기대수명, 국제순유입을 가정한 인구성장 고위가정에 따르면, 우리나라의 총인구는 2041년에 5,715만 명으로 정점을 기록한 이후 감소하기 시작해 2060년에 5,478만 명 수준으로 감소할 전망이다. 인구성장률이 2042년부터 마이너스 성장을 시작, 2060년에 -0.42% 수준으로 감소한다는 가정에 따른 것이다. 마지막으로 낮은 수준의 인구성장을 가정한 저위가정에 따르면 인구 정점은 2016년(5,002만 명)으로 당겨지고, 2060년에 총인구가 3,447만 명(1974년 수준)까지 감소하는 것으로 분석되었는데 이는 2017년부터 마이너스 성장을 기록해 오는 2060년에는 -1.66%까지 감소한다는 가정에 따른 것이다.

[표 3-3] 인구성장 시나리오별 가정 및 주요 결과 비교

(단위: 명, 세, 천 명, %, 생산가능인구 100명당)

지표		고위	중위	저위	무이동 출생(중)+사망(중)
합계출산율	2010년	–	1.23	–	–
	2045년	1.79	1.42	1.01	1.42
기대수명 (남/여)	2010년	–	77.20/84.07	–	–
	2060년	89.09/92.53	86.59/90.30	83.64/87.81	86.59/90.30
국제 순 이동자 수	2010년	–	82	–	–
	2060년	82	23	–2	0
총인구 (성장률)	2010년	–	49,410 (0.46%)	–	–
	2060년	54,783 (–0.42%)	43,959 (–1.00%)	34,469 (–1.66%)	43,229 (–0.97%)
	인구정점 (연도)	57,151 (2041년)	52,160 (2030년)	50,016 (2016년)	51,544 (2028년)
15-64세 인구 (구성비)	2010년	–	35,983 (72.8.%)	–	–
	2060년	26,923 (49.1%)	21,865 (49.7%)	17,213 (49.9%)	21,895 (50.6%)
	인구정점 (연도)	37,387 (2017년)	37,039 (2016년)	36,778 (2016년)	36,866 (2016년)
65세 이상 인구 (구성비)	2010년	–	5,452 (11.0%)	–	–
	2060년	20,773 (37.9%)	17,622 (40.1%)	14,856 (43.1%)	16,755 (38.8%)
0-14세 인구 (구성비)	2010년	–	7,975 (16.1.%)	–	–
	2060년	7,087(12.9%)	4,473 (10.2%)	2,399(7.0%)	4,580 (10.6%)
총부양비 (노년부양비)	2010년	–	37.3 (15.2)	–	–
	2060년	103.5 (77.2)	101.0 (80.6)	100.2 (86.3)	97.4 (76.5)

★ 출생·사망·국제이동의 가정 설정시 시기상 2010년 연앙기준(2010년 7월~11년6월)자료를 적용할 수 없어, 과거시계열을 이용하여 장기 가정을 설정, 이후 2010년 가정은 잠정실적 및 지연신고율을 반영

위에서 제시한 어떤 가정을 따르느냐에 따라 절대인구의 감소 시점에 다소 차이가 있기는 하지만 적어도 대한민국의 절대인구 자체가 감소할 것이라는 사실은 현재로서는 곧 다가올 미래라고 할 수 있다. 이 같은 결과는 대한민국 부동산 시장에 근본적인 변화가 발

생할 것이라는 점을 극명하게 보여준다. 생각해보라. 어떤 투자대상이든 경제적 가치를 갖기 위해서는 수요가 있어야 하는데 수요 자체가 감소한다면 어찌될 것인가를. 그러므로 지혜로운 투자자라면 투자전략을 수립할 때 반드시 인구감소 문제를 신중하게 고려해야만 한다.

인구감소를 대비한 핵심 Advise

★ 첫째, 빠르면 2016년 이후, 늦어도 2041년부터 부동산 수요를 결정하는 절대인구가 감소하는 현상이 발생할 것이다. 이는 곧 부동산에 대한 수요가 감소한다는 뜻이다. 그러므로 근본적으로 부동산 시장을 둘러싼 수요요인이 변화할 것이라는 점을 반영해 제로베이스에서 주택 매입 여부를 재검토해야 한다.

★ 둘째, 절대인구 감소 현상이 발생하는 부동산 환경 속에서도 흔들림 없이 제값을 해낼 수 있는 부동산을 찾아라.

'가구 수 증가현상'을 살피면 수혜지역이 보인다

2000년대 중반까지 대한민국 부동산 시장은 가격상승과 잠깐의 조정 그리고 또 다시·가격상승 현상이 반복되는 모습을 보였다. 다음 [그림 3-1]은 주택매매가격종합지수 및 아파트 매매가격지수의 흐름을 나타낸 것이다.

주택매매가격지수 추이가 이와 같은 변동 패턴을 보인 가장 큰 원인은 수요에 비해 상대적으로 공급이 충분하지 않았다는 점을 들 수 있는데 그 배경에는 급속도로 진행된 도시화 현상이 자리 잡고 있다. 국토교통부가 2013년 7월 11일 발표한 「도시계획 현황 통계」에 따르면 1960년 39.1%에 불과하던 도시지역 인구비율은 2000년에 88.3%로 자그마치 49.2%포인트 상승한 후 2005년에는 90.1%를

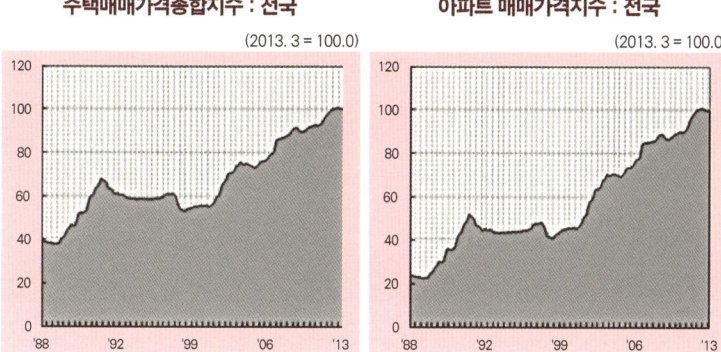

[그림 3-1] **주택매매가격종합지수 및 아파트 매매가격지수 추이**

주택매매가격종합지수 : 전국

(2013. 3 = 100.0)

아파트 매매가격지수 : 전국

(2013. 3 = 100.0)

자료 : KB국민은행

기록하였다. 엄청난 속도로 도시화가 진행되었다는 것을 확인할 수 있는 대목이다. 도시지역 인구비율이란 '국토의 계획 및 이용에 관한 법률'에서 규정하고 있는 용도지역 가운데 도시지역에 거주하는 인구비율을 의미하기 때문이다.

그런데 재미있는 사실은 2005년에 90.1%를 기록한 도시지역 인구비율이 그 이후 1.0%포인트 증가하는 데 그쳤으며 급기야 2012년 말 기준 도시지역 인구비율은 전년(91.12%) 대비 0.8%포인트 감소한 91.04%에 그쳤다는 점이다. 도시지역 인구비율이 크게 증가하지 않는 모습을 보이기 시작한 것이 2006년 이후부터였고 2012년에는 도시지역 인구비율이 전년 대비 감소하는 현상까지 나타났는데 이는 국내 주요 도시지역의 주택시장 침체 시기와 절묘하게 부합되는 측면이 있다. 만일 필자의 분석이 정확하다면 향후 세계경제 회복과 그에 따른 국내경기 회복이 가시화되는 시점이 도래하더라도 주택 가격 회복은 도시지역 인구비율이 강세를 보이는 지역에만 국한될 것이 확실하다.

　도시화는 도시지역 인구비율의 증가를 촉진한다. 이는 곧 도시 입장에서 볼 때 도시지역 인구의 증가를 의미한다. 따라서 대한민국 주택수요가 절대인구에 영향을 받는다면, 도시지역의 주택수요는 도시지역에 거주하는 인구에 영향을 받는다. 이래저래 인구가 주택시장에 미치는 파장이 엄청나다는 사실을 확인할 수 있다. 그런데 인구 못지않게 주택수요에 엄청난 영향을 주는 변수가 하나 더 있다. 바로 가구 수(數)가 그것이다.

　가구 수는 절대인구 감소현상이 주택시장에 미치게 될 부정적 파급효과를 상쇄시켜줄 수도 있고 반대로 부정적 파급효과를 증폭시킬 수도 있다. 즉, 절대인구가 감소하는 상황에서 가구 수가 증가하면 부정적 파급효과를 일정 부분 상쇄시켜줄 수 있을 것이고 반대로 절대인구 감소와 가구 수 감소현상이 동시에 발생하면 부정적 파급효과가 훨씬 증폭될 것이라는 뜻이다. 절대인구와 가구 수가 주택시장(혹은 부동산 시장)과 주식 등 자산시장 전반에 미치는 파급효과가 엄청나기 때문에 미래 절대인구와 가구 수에 대한 전망자료는 매우 중요한 의미를 지닌다.

　그렇다면 과연 대한민국의 미래 가구 수는 어떻게 예측할 수 있을까? 답은 통계청의 「장래가구 추계자료」에서 찾을 수 있다. 이에 따르면 오는 2035년이면 총 가구는 2010년의 1,735만 9천 가구에서 1.3배 증가한 2,226만 1천 가구가 될 전망이다. 절대인구가 2030년 이후 마이너스로 전환됨에도 불구하고 가구 수 증가현상이 발생하는 원인은 1인가구, 부부가구 등 가구분화 및 가구해체로의 진행 때문이다. 실제로 평균 가구원 수는 2010년 2.71명에서 2035년 2.17명으로 감소할 전망이다. 가구 수 증가현상과 관련해 가장 주목해야 할 부분은 누가 뭐래도 1인가구 증가현상이다.

2010년 기준 1인가구 비중은 전체 가구의 23.9% 수준이었다. 그런데 오는 2035년에는 34.3%에 달할 것으로 예상된다. 매우 큰 변화라고 할 수 있는데 이러한 변화는 사회 전반에 걸쳐 적지 않은 영향을 미칠 것으로 보인다. 벌써부터 평균 가구원 수 감소, 1인가구 및 2인가구 등 소규모 가구의 여파가 대한민국 경제 전반에 큰 영향을 주고 있기 때문이다. 단적인 예로 전력 사용량을 들 수 있다. 다음은 1인가구 증가현상이 전력 사용량 증가를 초래하고 있다는 신문기사 중 일부이다.

1인가구, 전력난 부추기나
국회예산정책처 "값싸게 많이 사용"

1인가구의 확대가 전력난의 주요 요인으로 지목됐다. 11일 국회예산정책처는 '전력가격 체계의 문제점과 개선방안' 보고서를 통해 전체 가구 중 25%에 달하는 1인가구의 전기에너지 절약의 중요성이 커지고 있다고 밝혔다. 2012년 현재 전기사용량은 1인가구가 201kWh인 데 반해 2인가구와 3인가구는 각각 290kWh(1인 평균 145kWh)와 327kWh(1인 평균 109kWh)다. 4인가구는 346kWh로 1인당 평균 사용량이 86kWh에 지나지 않는다.

1인가구에 사는 사람이 많아질수록 전기사용량이 급증할 수밖에 없다. 특히 1인가구의 전기료는 kWh당 106.3원에 지나지 않는다. 2인가구 127.6원, 3인가구 136.7원, 4인가구 152.4원과 비교하면 크게 싼 편이다. 특히 최저생계비의 다섯 배 이상을 가처분소득으로 살고 있는 1인가구의 경우에는 kWh당 111.1원을 기준으로 전기료를 내고 있어 최저생계비 미만의 소득을 가지고 있는 1인가구(105.1원)보다 크게 높지 않아 전기사용을 부추길 수 있다는 지적이다. 문제는 우리나라의 가구 수가 지속적으로 증가하고 특히 1인가구가 빠르게 확대될 것이라는 점이다. 전수연 국회예산정책처 공공기관평가과 사업평가관은 "가구 수의 증대와 1인가구 비중의 증가는 현재 가구당 전력사용량에 변화가 없다 하더라도 전력사용량을 지속적으로 증가시키는 결과를 가져온다"고 말했다.

자료 : 〈내일신문〉 2013. 6. 12

그렇다면 가구 수 증가현상, 그중에서도 1인가구, 2인가구 등 소규모 가구의 증가현상은 부동산 시장에 어떤 영향을 미칠까? 안타깝지만 이에 대한 정확한 예측은 사실상 불가능에 가깝다. 현재 시점에서 예상되는 소규모 가구 증가현상은 대한민국 사회가 처음으로 경험하는 것이기 때문이다. 다만 현재까지의 현상을 분석함으로써 미래에 발생할 것으로 예상되는 현상을 유추해볼 수 있을 뿐이다.

통계청 자료에 따르면 1995년~2010년에 걸친 기간 동안 우리나라의 주된 가구유형은 3·4인가구에서 1·2인가구로 변화되었다. 이 기간 중 1·2인가구는 452만(1인 250만, 2인 202만) 가구가 증가했는데 이 같은 증가폭은 같은 기간 전체 가구의 증가치인 438만 가구보다도 많다. 최근 부쩍 소형주택에 대한 선호가 높아진 것도 위와 같은 1·2인가구 증가 현상이 본격적으로 주택시장에 영향을 미친 결과로 볼 수 있다. 단순하게 놓고 보면 향후 소형주택이 크게 각광받을 것으로 예상할 수 있다.

그러나 위와 같은 단순한 접근은 상당히 위험하다. 이는 소규모 가구의 대표 격인 1인가구의 특성반 살펴봐도 알 수 있다. 통계청 자료에 따르면 같은 1인가구라 할지라도 도시와 농촌의 1인가구는 그 특징이 이질적이다. 우선, 1인가구 비율을 보면 도시에 비해 농촌이 높은 반면 1인가구의 증가 규모는 농촌에 비해 도시가 크다.

또한 2010년 기준 1인가구 비율이 높은 도시·농촌 시군구의 지역별 특성이 서로 다른 것으로 나타났는데 대표적으로 도시 가운데 1인가구 비율이 38.8%(전국 230개 시군구 중 3위)인 서울 관악구의 미혼 비율은 78.0%(1위), 65세 이상 가구 주 비율은 8.0%(하위 1위), 자가점유율은 7.3%(하위 1위)인 것으로 나타난 데 비해 농촌 가운데 1인가구 비율이 37.7%(4위)인 전남 신안군의 미혼 비율은 7.5%(하위 9위), 65세 이상 가구 주 비율은 65.0%, 자가점유율은 86.6%(10위)인 것으로 나타났다.

요약하면 도시 1인가구는 미혼·저연령·낮은 자가점유율을 보이는 반면 농촌 1인가구는 기혼·고연령·높은 자가점유율을 보이는 것이다. 이는 곧 1인가구의 증가현상이 부동산 시장에 가져올 긍정

[표 3-4] 1인가구 비율과

[표 3-4] 1인가구 비율과
1인가구의 미혼·65세 이상·자가점유율 상하위 10개 시군구(2010년)

(단위: %)

구분		1인가구 비율		미혼		65세 이상		자가	
상위	1	부산 중구	39.6	서울 관악구	78.0	전남 보성군	71.8	전남 고흥군	89.7
	2	경남 의령군	39.5	서울 강남구	71.9	전남 곡성군	71.5	전남 함평군	89.3
	3	서울 관악구	38.8	서울 동작구	69.5	전북 임실군	71.5	전북 순창군	88.6
	4	전남 신안군	37.7	서울 마포구	68.8	전북 순창군	71.3	전남 보성군	88.2
	5	경남 합천군	37.0	서울 광진구	68.3	전남 담양군	71.0	전남 곡성군	87.5
	6	전남 보성군	36.5	대전 유성구	66.6	경남 합천군	70.9	경남 의령군	87.3
	7	전남 곡성군	36.3	서울 서초구	65.4	전남 함평군	70.9	전북 임실군	87.3
	8	경북 영덕군	35.8	경기 오산시	64.0	경남 의령군	70.8	전북 진안군	87.0
	9	전남 고흥군	35.5	서울 서대문구	62.5	전남 고흥군	70.1	전남 진도군	86.9
	10	경남 남해군	35.4	서울 동대문구	62.4	경북 의성군	69.1	전남 신안군	86.6
하위	1	경기 남양주시	14.2	전남 보성군	5.6	서울 관악구	8.0	서울 관악구	7.3
	2	경기 용인시	15.1	전북 순창군	6.2	대전 유성구	8.6	서울 광진구	10.7
	3	울산 북구	15.4	전남 함평군	6.3	서울 강남구	9.0	서울 금천구	11.4
	4	경기 의왕시	15.6	전남 고흥군	6.5	경기 오산시	9.3	서울 강남구	12.8
	5	충남 계룡시	15.6	전북 임실군	6.5	경기 시흥시	10.3	서울 동작구	13.0
	6	경기 광주시	16.1	경북 의성군	6.8	서울 광진구	10.9	경기 안산시	13.1
	7	경기 과천시	16.3	경북 군위군	6.8	서울 서초구	11.8	경기 오산시	14.0
	8	서울 양천구	16.3	전남 담양군	7.4	울산 남구	12.2	서울 동대문구	14.3
	9	경기 김포시	16.4	전남 신안군	7.5	경기 수원시	12.3	경기 수원시	14.5
	10	인천 서구	16.8	전남 해남군	7.5	경북 구미시	12.4	서울 마포구	14.9

자료: 통계청, 인구주택총조사 전수, 원자료, 2010년

적 효과는 도시지역에 국한될 것임을 보여주는 것이라고 하겠다. 결국 소형주택의 강세현상은 도시지역 중에서도 1인가구 비중과 미혼 비중이 높고 자가 비중은 낮은 지역에서 두드러질 것이라는 의미다. 이들 지역을 중심으로 향후 부동산 시장이 얼마나 강력하게 움직일

지를 좀 더 살펴본다면 미래 시점의 주택시장이 어떤 흐름을 보일지 예측할 수 있을 것이다. 절대인구 감소와 함께 가구 수 증가현상을 주목해야 하는 가장 큰 이유가 여기에 있다.

가구 수 증가현상의 포인트, 1인가구 관련 핵심 Advise

★ 첫째, 1인가구 비율은 농촌이 높고, 증가 규모는 도시가 크다.

★ 둘째, 도시와 농촌의 1인가구의 특성은 서로 이질적이다. 즉, 도시 1인가구는 미혼·저연령·낮은 자가점유율을 보이는 반면 농촌 1인가구는 기혼·고연령·높은 자가점유율을 보인다.

★ 셋째, 2010년 기준 1인가구는 여성(222만 가구)이 가구 주인 경우가 남성(192만 가구)이 가구 주인 경우에 비해 많은 특성을 보이고 있다.

★ 넷째, 남성은 25~29세에서 1인가구 수가 정점에 이르렀다가 이후 연령대에서 계속 감소하는 반면, 여성은 25~29세와 70~74세에서 정점을 이루는 쌍봉형 패턴을 보이고 있다.

★ 다섯째, 그러므로 도시지역이고 1인가구 비중이 높은 지역이면서 저연령 1인가구 비중이 높고 자가점유율이 낮은 지역이 1인가구 증가에 따른 최대 수혜지역이 될 것이다.

Change ★ 3

'빠른 고령화 속도'가
트렌드를 이끈다

대한민국이 노인공화국으로 변해가고 있다. 현재 노인비중이 매우 높은 일본보다도 고령화 속도가 빠르게 진행되고 있으니 그런 말이 나올 법도 하다. 통계청이 발표한 「2012년 고령자 통계」에 따르면 2012년 기준 총인구에서 65세 이상 고령자가 차지하는 비중은 11.8%인 것으로 나타났다. 1970년에는 3.1%에 불과했지만 그 이후 지속적으로 증가한 결과이다.

그런데 다가올 미래에 대한민국의 고령인구 비중은 충격적인 수준으로 예측되고 있다. 오는 2030년에는 24.3%, 2050년에는 37.4% 수준에 달할 것으로 예측되었기 때문이다. 이뿐만이 아니다. 한 발 더 나아가 85세 이상 초고령 인구 비중 역시 2012년 0.9%에서 오는 2030년에는 2.5%, 2050년에는 7.7%로 가파르게 증가할 것으로 예측되었다. 말 그대로 노인공화국이 될 것이라는 뜻이다.

물론 고령인구(혹은 노인인구)의 증가는 의료기술의 발달과 건강에 대한 높은 관심의 결과라고 풀이할 수 있으므로 그 자체만으로는 바람직하다고 볼 수도 있다. 그러나 고령인구의 증가가 출생인구의 감소 때문에 더욱 두드러지고 있음을 감안하면 이야기가 달라진다. 2012년 현재 노년부양비는 16.1로 생산가능인구 6.2명이 노인 한 명을 부양하고 있는 셈인데 현재와 같은 저출산 기조가 유지될 경우 오는 2017년에는 생산가능인구 약 다섯 명이 노인 한 명을 부양해야 할 것이고, 좀 더 먼 미래인 2050년에는 생산가능인구 약 1.4명이 노인 한 명을 부양해야 할 것으로 예상되고 있다.

노년부양비란 65세 이상 인구를 15세~64세 인구로 나눈 후 100을 곱하여 구해진 값이다. 즉, 젊은 사람 몇 명이 노인인구를 부양하고 있느냐를 보여주는 지표인 것이다. 따라서 노인부양비가 커지면 커질수록 젊은 사람들이 부양해야 할 노인인구도 증가한다는 의미이다.

당연한 결과지만 노년부양비와 함께 노령화지수 역시 엄청난 수준이 될 전망이다. 노령화지수는 65세 이상 인구를 0~14세 인구로 나눈 후 100을 곱한 값이다. 2012년 현재 노령화지수는 77.9인데 이는 유소년인구(0~14세) 100명당 65세 이상 고령자가 78명이라는 것을 의미한다. 그런데 2017년이면 노령화지수가 104.1이 될 전망이다. 고령인구가 유소년인구를 초과할 것이라는 뜻이다.

통계청의 예측처럼 대한민국이 심각한 노인국가가 될지 아니

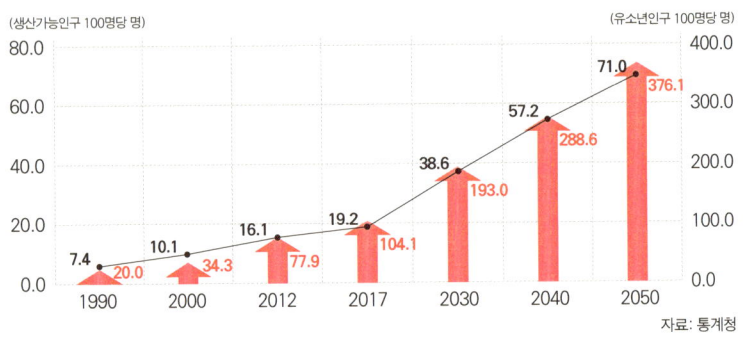

[그림 3-2] **노년부양비 및 노령화지수 추이**

(생산가능인구 100명당 명)　　　　　　　　　　　　　　(유소년인구 100명당 명)

자료: 통계청

면 다행히 그 정도가 덜한 노인국가가 될 것인지와 관계없이 대한민국이 결국 노인국가로 변모할 것이라는 사실은 분명하다. 이에 따라 절대인구 감소나 가구 수 증가 현상에서 살펴본 바와 같이 노인국가로의 변화 역시 사회 전반에 상당한 영향을 미칠 것이다. 실버의료·실버케어·실버식품 등 실버산업의 확대, 공공부문의 실버정책 제고, 실버친화적 사회인프라 확충 등은 물론 주택시장에서도 실버주택의 중요성이 대두될 것이 분명하다. 이는 이미 우리 주택법이 '노인복지법' 제32조 제1항 제3호에서 노인복지주택(노인에게 주거시설을 분양 또는 임대하여 주거의 편의·생활지도·상담 및 안전관리 등 일상생활에 필요한 편의를 제공함을 목적으로 하는 시설)을 준주택으로 규정한 이유이기도 하다.

　　실버친화적인 주택은 시간이 흐름에 따라 과거와는 비교할 수 없을 정도로 그 필요성이 확대될 것이고 이에 따라 새로운 주거트렌드로 자리 잡을 가능성이 매우 높다. 또한, 가구분화 확산에 따른 평균가구원 수 감소현상과 맞물려 1인가구 혹은 2인가구를 대상으로 한 실버친화적 주택에 수요가 집중될 가능성 역시 매우 높은데, 지역적으로는 생활의 편리성이 크게 개선되지 않는 이상 농촌지역보다는 도시지역에 입지하는 실버주택에 수요가 집중될 것으로 보인다.

그럼에도 불구하고 실버주택(노인복지주택)이 아직까지 법제도적 측면에서조차 개념정립 수준에 그치고 있다는 점을 감안하면 향후 실버주택의 성장 가능성은 충분하다고 볼 수 있다. 본격적인 노인국가로의 진입을 앞두고 있는 대한민국에서 그 필요성만 공감하고 있을 뿐 아직 구체적인 세부지침이나 실행전략이 정립되지 않은 실버주택은 분명 주택시장의 흐름을 바꿀 수 있는 위력을 지닌 주거 트렌드가 될 것이다.

노인국가(고령화 사회)로의 변모와 주택시장 관련 핵심 Advise

★ 첫째, 노인국가로의 진입은 선택이 아닌 필수다.

★ 둘째, 실버친화적 산업과 부동산에 대한 수요가 크게 증가할 것이다.

★ 셋째, 주택의 경우 실버주택에 대한 수요가 두드러질 것이다.

★ 넷째, 생활편리성이 확보된 지역에 입지하는 실버주택이 보다 큰 주목을 받을 것이다.

★ 다섯째, 1인 혹은 2인 가구를 위한 실버주택이 집중 조명을 받을 것이다.

Change ★ 4

다문화 사회가 극과 극의
임대료 수입을 낳는다

매주 화요일 7시 30분 KBS 1 TV에서 인기리에 방영되고 있는 프로
그램이 있다. '러브 인 아시아'가 바로 그것이다. '러브 인 아시아'
는 외국인들 가운데 한국 사람과 결혼해 한국에 거주하고 있는 다
문화 가정의 행복과 애환을 따뜻한 시선으로 조명하는 프로그램이
다. 불과 10년 전만 해도 생각하지 못했던 프로그램이 잔잔한 감동
을 불러일으키면서 적지 않은 반향을 일으키고 있는 원인은 우리 사
회가 다문화 사회가 되었고 다문화 가정 역시 과거와 비교할 수 없
을 정도로 증가한 데 있다. 삼성경제연구소의 자료에 따르면 결혼이
민자와 배우자 및 자녀를 포함한 다문화 가족의 규모는 지난 2008년
34만 명 수준에 불과했지만 2011년 현재는 60% 증가한 55만 명인

것으로 나타났으며 오는 2020년에는 2011년 대비 두 배 정도 증가
한 98만 6천 명에 달할 것으로 예상되고 있다. 총인구 대비 1.9% 정
도가 다문화 가정인 것이다.

　다문화 가정이 큰 폭으로 증가한 데에는 과거에 비해 국제결혼,
피부색이 다른 자녀, 귀화자 등을 터부시하지 않고 사회적으로 이를
인정하고 수용해주는 공감대가 형성된 것에 힘입은 바가 크다.

　그러나 아직까지 우리나라 국민들이 다문화를 대하는 자세는
다소 경직되어 있다. 대표적으로 다문화 가정을 바라보는 시선을
들 수 있다. 배우자나 자녀의 피부색 또는 배우자의 출신국가에 따
라 다문화 가정을 대하는 시선이 매우 상이한 것이 사실이기 때문이
다. 그런데 이처럼 국적이나 피부색에 기초해 다문화 가정을 판단하
는 양상은 부동산 시장에까지 영향을 미치고 있다. 평창동·한남동·
이태원·반포와 함께 새롭게 부각되고 있는 용산구의 한강로(서울역
에서 한강대교 남단을 연결하는 5.15Km의 도심도로) 주변과 서울시 대림
동·가리봉동과 안산시 원곡동은 한 가지 공통점이 있다. 무엇일까?
바로 외국인이 많이 거주하고 있는 지역이라는 점이다. 그런데 바로
이 한 가지 공통점을 제외하면 전자와 후자는 달라도 너무 다르다.

　한남동 등을 중심으로 한 외국인 밀집지역이 외국인 고급 주거
지역으로 명성을 날리고 있는 데 비해 대림동 등을 중심으로 한 지
역은 주로 외국인 근로자들이 밀집되어 있어서 각종 범죄가 빈번하
게 발생하는 등 이른바 낙후지역으로 유명세를 얻고 있다. 박근혜
정부에서 야심차게 발표한 '행복주택 시범지구'에 안산 고잔동 일
대가 포함되고 이곳에 다문화 교류센터를 만들겠다는 청사진이 발

표된 것은 모두 위와 같은 문제점을 개선하기 위해서라고 볼 수 있다. 그렇다면 다문화 사회가 부동산 시장에는 어떤 영향을 미칠까? 이를 알아보기 위해서는 현재까지 외국인들에게 폭넓게 개방된 지역, 다시 말해 외국인 비중이 높은 지역의 부동산 시장에서 나타나고 있는 특징을 주목해볼 필요가 있다.

먼저 용산구 한강로 주변을 중심으로 한 고급 외국인 주거지역을 보자. 이 지역은 서울역으로의 접근성이 뛰어나다. 갑자기 웬 서울역이냐고 의아해할 수도 있지만 외국인 입장에서 서울역은 공항으로의 접근성 확보를 의미한다. 그러니 결코 무시할 수 없는 경쟁력인 것이다. 게다가 한강로 주변에는 이미 시티파크 등 외국인들이 선호하는 고급 주거단지들이 입지하고 있는 것은 물론 기반시설도 잘 갖춰져 있다. 용산국제학교, 각국 대사관, 외국계 기업들이 이에 해당된다. 외국인들이 선호하는 조건을 갖추고 있는 것이다. 이런 이유로 임대가격도 엄청난 수준을 자랑한다. 매월 적어도 천만 원 이상을 월세로 지출해야 하기 때문이다. 그런데 한강로 주변이 가격적인 측면에서 이처럼 강세를 보이는 가장 큰 이유는 바로 이 지역에 거주하고 있는 외국인들의 높은 소득수준에서 찾을 수 있다. 수요계층의 대부분이 외국계 기업 임원, 각국 대사관 공관원, 다국적 기업 임원, 상사주재원 등이다. 높은 임대수익이 가능하다 보니 투자자들의 선호도가 높아 매매가격도 강세를 보이고 있다.

반면 안산시 원곡동으로 대표되는 지역들은 상대적으로 소득수준이 떨어지는 외국인 노동자들이 많이 밀집되어 있어서 임대료 수준 역시 저렴하게 형성되어 있을 뿐 아니라 범죄발생 빈도가 높은

[그림 3-3] 한강로 전경

자료: 네이버

[그림 3-4] 안산시 원곡동 안산이주민센터 주변

자료: 네이버

우범지역이라는 좋지 않은 인식이 형성되어 있는 상태다. 대림이나 가리봉 지역 역시 원곡동과 비슷한 상황인데 향후 임대수익이 부동산 가격 형성에 더욱 강력한 영향을 줄 것이라는 점에서 부정적인 현상이라고 볼 수 있다.

갈수록 다문화 사회로 발전해나가고 있는 대한민국의 현실을 고려할 때 이러한 요소가 부동산 시장에 미치는 파급효과 역시 그 어느 때보다 강력해질 것으로 예상된다. 그런데 살펴본 바와 같이 외국인 밀집지역의 부동산 시장은 극단적인 모습을 보이고 있다. 즉, 소득이 뒷받침되는 외국인 밀집지역은 엄청난 경쟁력을 자랑하고 그에 따라 높은 임대가격이 형성되어 있지만 소득수준이 떨어지는 외국인 노동자들이 밀집해 있는 지역은 낮은 임대가격과 부정적 인식이 확산되고 있는 것이다. 그러므로 보다 폭넓은 다문화 사회로의 발전이 예상되는 현 시점에서 외국인 밀집지역 주변의 부동산을 구입하고자 한다면 반드시 소득수준이 뒷받침되는 외국인 밀집지역인지, 자족기능의 강화로 소득수준이 높은 외국인들이 유입될 가능성이 있는 지역인지를 먼저 따져보아야 할 것이다.

다문화 사회로의 이행 관련 핵심 Advise

★ 첫째, 다문화 사회는 새로운 기회를 제공한다.
★ 둘째, 외국인 거주지역이라고 모두 돈이 되는 지역은 아니다.
★ 셋째, 글로벌 자족기능이 새롭게 강화되는 지역이 돈 되는 곳이다.
★ 넷째, 현재 소득수준이 높은 외국인 밀집지역을 우선 주목하라.
★ 다섯째, 한국인들이 선호하는 외국인들의 거주지역을 주목하라.

Change ★ 5

'세대갈등'이
평생 재테크 트렌드를 이끈다

베이비부머 세대. 이 단어가 우리 사회에 던지는 의미는 실로 상당하다. 베이비부머 세대들의 은퇴가 본격화되고 있기 때문이다. 이로 인해 베이비부머 세대들의 효과적인 퇴직을 지원하고 새로운 고용 전략을 수립하기 위한 노사정 및 지방정부의 역할에 대한 필요성 역시 그 어느 때보다 강조되고 있다.

이처럼 베이비부머 세대의 은퇴에 우리 사회가 민감하게 반응하는 이유는 인구구조 측면에서 베이비부머 세대가 그만큼 중요한 위치를 차지하고 있기 때문이다. 통계청 자료에 따르면 2010년 기준 우리나라의 베이비부머 세대는 총 695만 명으로 전체인구(4,799만 명)의 14.5%를 차지하고 있다.

[그림 3-5] **2010년 기준 한국의 인구피라미드**

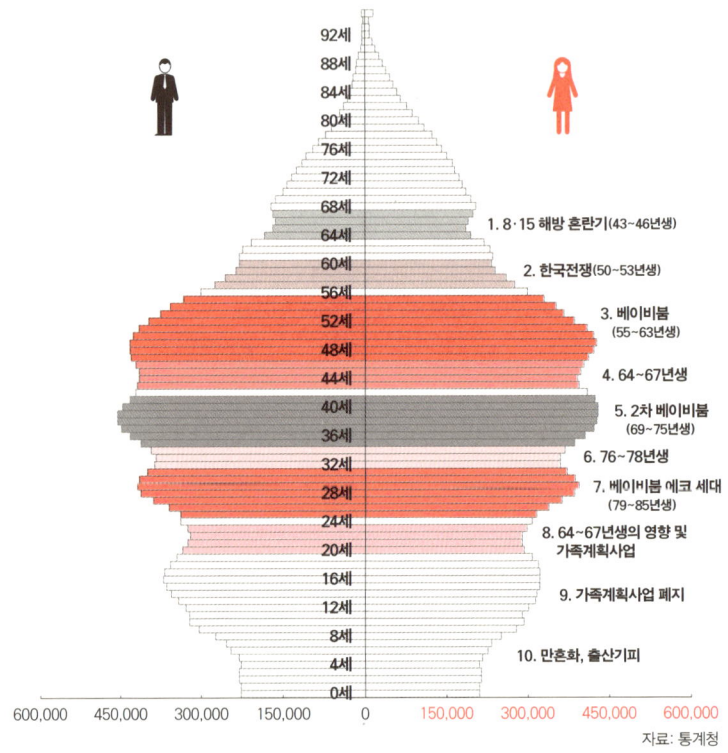

1. 8·15 해방 혼란기(43~46년생)

2. 한국전쟁(50~53년생)

3. 베이비붐
   (55~63년생)

4. 64~67년생

5. 2차 베이비붐
   (69~75년생)

6. 76~78년생

7. 베이비붐 에코 세대
   (79~85년생)

8. 64~67년생의 영향 및
   가족계획사업

9. 가족계획사업 폐지

10. 만혼화, 출산기피

자료: 통계청

    인구구조만 봐도 베이비부머 세대의 은퇴가 우리 사회 전반에 가져올 파급효과가 적지 않을 것임을 알 수 있다. 얼핏 이웃나라 일본과 비슷한 양상을 보이지 않을까 하는 걱정이 앞서는 것도 무리가 아니다. 그래서 그런지 일본판 베이비부머 세대인 단카이 세대가 본격적으로 은퇴에 접어든 이후 일본경제가 적지 않은 타격을 받았던 것처럼 우리나라 역시 상당한 충격을 받을 것이라는 우려의 목소리가 점점 커지고 있는 상황이다.

    베이비부머 세대란 전후 혹은 엄청난 경제적 곤궁시기를 지난

후 사회적으로나 경제적으로 안정된 시대에 태어난 인구집단을 말한다. 우리나라에서는 6·25전쟁이라는 혹독한 시련기를 거친 후 베이비부머 세대가 형성되었다면 미국과 일본은 제2차 세계대전 이후 베이비부머 세대가 형성되었다.

하지만 한미일 3국의 베이비부머 세대는 개념적 정의는 비슷할지 몰라도 그 내용을 살펴보면 큰 차이가 존재한다. 대표적으로 베이비부머 세대의 형성기간을 들 수 있다. 미국은 17년에 걸쳐 베이비부머 세대가 형성되었고 우리나라 역시 제1차 베이비부머와 제2자 베이비부머 세대를 합하면 16년에 걸쳐 베이비부머 세대가 형성되었다. 그에 비해 일본은 불과 3년 만에 해당 세대가 형성되었다는 차이점을 보인다.

일본의 베이비부머 세대는 1947년부터 1949년까지의 출생자들을 지칭한다. 이들은 다른 연령대에 비해 절대인구 규모가 크다. 일본의 각 시기별 베이비부머 세대의 인구를 살펴보면 1960년 734만 8천 명, 1970년 709만 명, 1980년 713만 1천 명, 1990년 705만 6천 명, 1995년 702만 8천 명, 2000년 690만 7천 명, 2005년 678만 3천 명이다. 또한, 각 시기별로 전체인구에서 베이비부머 세대가 차지하는 비중은 1960년 7.79%, 1970년 6.77%, 1980년 6.09%, 1990년 5.71%, 1995년 5.6%, 2000년 5.44%, 2005년 5.31%이다. 얼핏 보면 베이비부머 세대의 영향력이 시간이 흐름에 따라 약화되는 것 아닐까 하고 생각하기 쉽지만 이는 사실과 다르다.

일본 인구구조의 변화의 특징으로는 절대인구의 감소와 더불어 고령인구 비중의 증가, 그리고 14세 이하 유소년 인구 비중의 감소를 들 수 있다. 저출산과 고령화가 동시에 진행된 결과이다. 그런데 바로 이 부분이 우리나라와 비슷하다. 그래서 우리나라 역시 일본의 전철을 밟을 가능성이 높다고 우려하는 것이다.

그러나 적어도 베이비부머 세대와 관련해서 우리나라가 일본의 전철을 밟을 가능성은 그리 높지 않다. 그 이유는 일본 베이비부머 세대의 특징에서 찾을 수 있다. 일본의 베이비부머 세대는 일본 경제의 초고속 성장기였던 1950년~1960년대를 지나 1960년대 후반부터 본격적으로 경제활동에 참가하기 시작하였다. 이들이 경제활동에 참가하기 시작할 당시 일본은 심각한 인력난을 겪고 있었고 베이비부머 세대들이 대거 노동시장에 진입함으로써 부족한 노동력 문제를 해결할 수 있었다. 그리고 일본은 이를 통해 고도성장을 달성할 수 있었다. 이는 1970년 베이비부머 세대의 경제활동 참가율이 남성 80.7%, 여성 70.6%로 매우 높았다는 사실을 통해서도 확인할 수 있다.

그러나 끝없이 상승할 것만 같았던 일본의 고도성장은 1970년대 중반 막을 내리게 되고 이로 인해 일본 기업들은 신규채용 규모를 크게 줄이거나 중단하기에 이른다. 물론 이미 노동시장에 진입한 베이비부머 세대가 일자리를 잃거나 경제적 고통에 직면할 필요는 없었다. 다만, 베이비부머 세대들이 오랜 숙련을 통해 확보한 기술이 다음 세대로 원활하게 이어지지 못하는 문제가 발생했을 뿐이다. 이러한 현상이 지속되는 와중에 일본의 베이비부머 세대는 나이를 먹었고 이윽고 정년퇴직이 시작되자 일본경제는 큰 어려움에 직면하게 되었다.

노동수요 측면에서는 숙련된 노동력이 부족해졌고, 숙련된 기술을 보유했지만 이미 은퇴한 베이비부머 세대들의 노후를 위한 경제적 지원문제가 사회문제로 대두되었다. 사실 일본에서 베이비부머 세대의 은퇴 문제가 본격화되면서 가장 크게 불거진 문제는 숙련 노동력의 부족이었다. 일본의 통계자료들에 나타난 산업별 취업자 비율(http://www.stat.go.jp/data/roudou 참조)을 살펴보면 베이비부머 세대들의 종사 비중이 가장 높은 산업은 제조업이었으며, 그중에서도 식료품·금속제품·기계생산 등의 비중이 높은 것을 확인할 수 있다. 뿐만 아니라 건설업·도매업·서비스업·운송업의 종사자 비중역시 높았다. 그렇기 때문에 베이비부머 세대의 은퇴는 일본이 경제대국으로 발돋움하는 데 있어 가장 강력한 원동력이 되었던 제조업분야에서 숙련 노동력이 사라진다는 것과 동일한 의미인 것이다.

바로 이 부분에서 우리나라와 일본의 확실한 차이점을 찾을 수 있다. 일본과 달리 우리나라는 베이비부머 세대가 1차, 2차 베이비부머 세대로 구분되고 그 뒤를 다시 베이비부머 세대의 자녀 세대인 에코세대가 든든히 받치고 있기 때문이다. 이는 단기간에 고급 숙련 노동력의 은퇴가 집중적으로 이루어져서 발생하는 고급 노동력 부족현상이 벌어질 가능성이 매우 낮다는 의미다.

다만, 우리나라 역시 일본과 마찬가지로 준비 없는 은퇴로 내몰리고 있는 베이비부머 세대가 많은 것이 현실이기에 이들에 대한 경제적 지원이 세대 간 갈등으로 작용할 가능성은 분명히 존재한다. 일본 정부는 베이비붐 세대의 은퇴가 시작되기 이전인 2004년에 '고령자고용안정법'을 개정하는 등 베이비붐 세대의 노동력을 확보하고, 이들이 보유하고 있는 기능 및 기술을 차세대에 전수할 수 있는 시간을 확보하기 위해 노력을 기울인 바 있다. 이 과정에서 일자리 논쟁에 따른 세대 간 갈등문제 또한 불거졌었다.

미국의 경우는 베이비붐 세대가 고령화되면서 연금 등 재정 분배와 관련된 세대 간 갈등이 나타난 바 있다. 문제는 고령자들은 자신이 낸 세금보다 훨씬 더 많은 혜택을 받는 데 비해 젊은 계층은 정부로부터 받을 것이라고 예상되는 혜택에 비해 훨씬 더 많은 세금을 내야 한다는 데 있다.

우리나라에서는 현재 일본과 미국의 문제가 함께 나타나고 있다. 가뜩이나 일자리가 부족해 백수로 지내는 젊은이들이 많은 상황에서 은퇴자들까지 일자리 경쟁에 뛰어드는 상황이어서 일자리를 놓고 세대갈등이 벌어지고 있는 데다 베이비부머 세대 등 은퇴자들을 위한 사회복지 지출이 폭발적으로 증가할 것으로 예상되고 이로 인해 각종 공적 연금의 재원 고갈이 우려되는 상황이어서 갈수록 혜택이 줄어들고 있기 때문이다.

위와 같은 이유 때문에 은퇴 이후를 미리 준비하고자 하는 30~40대들이 급증하고 있는 추세이다. 갈수록 안정적 수익을 창출할 수 있는 투자대상이 인기를 모을 수밖에 없는 사회적 공감대가 형성되고 있는 것이다. 이는 여성이 좀 더 적극적으로 안정적인 월세수입에 관심을 가져야 할 이유이기도 하다.

베이비부머 세대의 은퇴와 세대갈등 관련 핵심 Advise

★ 첫째, 베이비부머 세대의 은퇴는 자산시장에 새로운 트렌드를 형성하게 할 것이다.

★ 둘째, 베이비부머 세대들은 더욱 안정적 수익을 창출할 수 있는 자산에 주목할 것이다.

★ 셋째, 준비 없는 베이비부머 세대들의 은퇴를 목도하고 있는 에코부머 세대들은 보다 일찍 은퇴 이후를 준비하고자 할 것이다.

★ 넷째, 에코부머 세대 이후에도 평생 재테크가 강력한 트렌드가 될 것이다.

★ 다섯째, 안정적 수익창출에 대한 트렌드는 시장 및 경제상황에 따라 부동산·주식·금융 등이 돌아가며 주목을 받을 것이다. 또한, 여러 가지 투자대상을 종합적으로 고려하여 투자하는 포트폴리오 투자가 강조될 것이다.

Change ★ 6

자산가격 불확실성이
'안전 제일주의적 투자 성향'을 이끈다

합리적인 사람은 어떤 선택을 할까? 투자행동에 관한 다양한 연구들은 사람들이 투자를 하면서 종종 어이없는 착각에 빠진다는 것을 보여주곤 한다. 펀드 광고를 예로 들어보자. "위험은 낮추고 수익은 높이는 펀드" 아마 펀드에 조금이라도 관심을 갖고 있는 사람이라면 한 번쯤 들어봤음직한 문구이다. 그런데 이 문구는 정말 말도 안되는 문구다. 세상 그 어디에 위험은 낮고 수익은 높은 투자가 있단말인가. 재무관리에는 지배원리라는 것이 있는데, '동일한 위험 수준에서는 가장 높은 수익을 추구하고 동일한 수익 수준에서는 위험이 가장 적은 투자를 해야 한다'는 내용을 담고 있다. 지배원리 원칙에서 볼 때 펀드 광고에 종종 등장하는 카피는 속칭 족보에도 없는

말이다. 투자자들이 그토록 바라고 소망하는 백퍼센트 안전한 투자
대상, 그러면서도 고수익을 보장하는 투자대상은 이 세상에 없기 때
문이다. 그럼에도 불구하고 위와 같은 문구에 속아 아무 생각 없이
펀드에 투자하는 사람들이 의외로 많다.

　여기서 한 가지 의문이 생긴다. 사람들은 왜 위험은 낮추고 수
익은 높여준다는 주장에 속절없이 넘어가는 것일까? 높은 수익에
집착해서? 아니면 위험을 낮출 수 있어서? 답은 둘 다이다. 그 어떤
사람도 높은 수익을 마다할 리 없고 마찬가지로 위험을 줄이는 선
택 역시 싫어할 사람은 없기 때문이다. 다만, 자산시장이 침체국면
에 있을 때는 위험을 줄이는 선택에 집중하는 모습을 보인다. 일례
로 최근 몇 년에 걸쳐 지속되고 있는 주택시장 침체현상에서도 일단
위험을 피하고 보자는 안전 제일주의적인 투자성향을 발견할 수 있
다. 사실 주택시장의 침체는 상당 부분 주택수요자들이 주택구입 이
후 혹시라도 발생할지도 모르는 집값 하락에 따른 손실을 과도하게
두려워하고 있고 이 때문에 주택구입을 미루고 있기에 발생하는 것
으로 볼 수 있다. 그렇기 때문에 아무리 주택 가격이 과거에 비해 크
게 하락했다 할지라도 주택수요자들이 향후 추가적인 집값 하락 가
능성을 염려하고 있다면 결코 주택시장은 회복될 수 없을 것이다.

　2013년 6월 26일자 〈머니투데이〉의 기사만 보아도 빠른 시간
내에 집값이 회복되기는 어려워 보인다. 전체 응답자의 절반에 육
박하는 49.76%가 주택구입 의향이 없는 것으로 나타났기 때문이다.
또한, 주택구입 의향이 없다고 답한 응답자 가운데 46.58%는 그 이
유를 자금여력이 없어서라고 답한 반면 집값 하락 우려(17.37%), 투

자가치가 없어서(13.71%) 등 가격하락의 위험을 피하기 위해 주택 구입을 꺼리는 응답 비중 역시 31.08%에 달한다. 구입능력이 되지 않는 경우를 제외하면 사실상 가격하락을 우려해서 주택을 구입하지 않는 것인 만큼, 가격하락에 대한 우려가 해소되지 않는 이상 주택시장의 정상화는 요원하다고 볼 수 있다.

향후 주택 가격의 변동방향은 예측하기 매우 어려울 것으로 예상된다. 그 유례를 찾아볼 수 없을 정도로 급격한 인구고령화가 진행되고 있음은 물론 저출산 현상이 지속될 것으로 전망되고 있어 주택시장에 미치는 부정적 파급효과가 상당할 것이기 때문이다. 이런 이유로 주택 가격이 어떤 방향으로 움직일지, 더 나아가 향후 자산시장이 지속적으로 성장할 수 있을지 아니면 어느 시점 이후 하락 내지 폭락하는 모습을 보일 것인지조차 확신할 수 없을 정도다. 이런 상황이라면 누구라도 혹시 있을지도 모르는 위험을 회피하고자 하는 경향을 보일 것이다.

은퇴 이후의 삶을 확실하게 준비해야 할 필요성은 갈수록 증대되고 있는 데 비해 은퇴 이후 안정적인 삶을 담보하기 위한 준비는 더욱 녹록치 않아지고 있는 상황에 직면할 경우 선택의 폭은 지극히 좁아지기 마련이다. 이런 상황에서 투자자들은 과연 어떤 선택을 하게 될까? 아마도 시세차익이 아닌 안정적인 임대수익을 창출할 수 있는 투자대상을 노릴 것이다. 주택을 비롯한 수익성 부동산이 그 중심을 차지하리라는 것은 쉽게 예상할 수 있다. 이 또한 여성들이 임대수익의 창출이 가능한 부동산에 적극적인 관심을 가져야 할 이유다.

안전 제일주의적 투자성향 관련 핵심 Advise

★ 첫째, 불확실성이 커질수록 안전 제일주의적 투자성향은 커진다.

★ 둘째, 안전 제일주의적 투자가 안전성만을 추구하는 것은 결코 아니다.

★ 셋째, 안정적인 투자수익의 확보가 바로 안전 제일주의적 투자의 핵심이다.

★ 넷째, 자산시장에서 아직까지 안전성과 수익성을 동시에 확보하고 있는 가장 확실한 투자 대상은 부동산이다.

★ 다섯째, 그러므로 안정적 수익의 창출이 가능한 부동산은 시세차익과 임대수익이라는 두 마리 토끼를 모두 잡을 수 있을 것이다.

'시세차익 중심에서 임대수익 중심으로' 시장이 변화한다

퀴즈를 하나 풀어보자. "어떤 형태로든 일단 보유하기만 하면 돈이 되는 투자대상은 무엇일까?" 아마도 10년 아니 6~7년 전까지만 해도 누구나 부동산이라고 답했을 것이다. 그만큼 부동산은 사두기만 하면 돈이 되는 투자대상이었다. 특히 주택이 그랬다. 은행에서 대출을 받든 아니면 전세보증금을 끼고 주택을 구입하든 관계없이 일단 주택을 구입하기만 하면 엄청난 시세차익을 거둘 수 있는 시기가 있었다. 다음 [그림 3-6]은 KB국민은행의 전국 아파트 매매가격종합지수를 그림으로 나타낸 것이다. 이를 보면 왜 주택을 사두기만 하면 큰돈을 벌 수 있다는 통설이 성립했는지 그 이유를 어렵지 않게 발견할 수 있다.

[그림 3-6] **전국의 아파트 매매가격 종합지수**

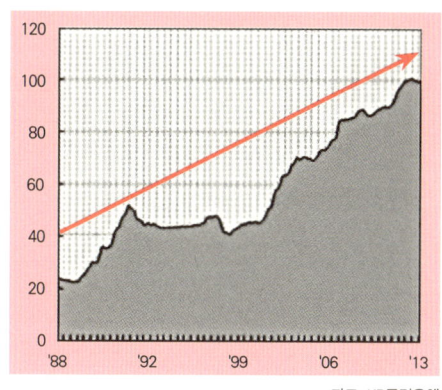

자료: KB국민은행

　비록 다소의 조정과정을 거치기는 했지만 아파트 가격은 꾸준히 상승하는 모습을 보였다. 주택 가격에 대한 통계자료가 집계되기 이전은 논외로 하더라도 본격적으로 주택 가격 통계가 집계되기 시작한 86년 이후 2000년대 중반까지 무려 20년 가까이 주택을 구입하기만 하면 시세차익을 거둘 수 있었으니 우리나라 국민들 사이에 '주택불패신화'가 형성된 것은 어찌 보면 당연한 것이었다. 이런 이유로 언젠가 경기가 회복되면 주택 가격도 예전처럼 회복될 수 있으리라 생각하는 사람들도 적지 않은 것이 사실이다. 그런데 과연 경기가 회복되면 주택시장도 예전과 같은 호시절을 맞이할 수 있을까?

　대한민국 경제가 회복되면 그에 따라 자산시장인 주식시장, 금융시장 그리고 부동산 시장에도 긍정적인 영향을 미칠 것이다. 지역, 종류 및 면적규모에 따라 그 효과는 다르게 나타나겠지만 주택시장 역시 긍정적인 효과를 기대할 수 있을 것이다. 다만, 과거와 같은 엄청난 수준의 가격상승 현상이 발생하기는 어려울 것이다. 이미 언급한 것처럼 절대인구 감소, 평균 가구원 수 감소, 인구고령화 등 인구구조의 변화에 더해 과거에 비해 크게 높아진 도시화율(도시에 사는 인구비율) 역시 향후 주택 가격 급등현상을 가로막는 원인이 될 것이기 때문이다.

급속도로 진행된 도시화는 경제성장과 함께 우리나라 주택 가격의 장기상승을 가능하게 해준 쌍두마차였다. 그렇다면 우리나라는 도대체 얼마나 급속도로 도시화가 진행된 것일까? 이에 대한 답은 우리나라의 도시화율 추이를 통해 확인할 수 있다.

통계청과 국가통계포털에 따르면 지난 1960년 우리나라의 도시회율은 28%(동 인구만 포함)에 불과했으나 1970년 41.2%, 1980년 57.3%, 1990년 74.4%, 2000년 79.7%를 기록하더니 2010년에는 무려 82.1%에 달했다. 2010년 전 세계 도시화율이 51.6%에 불과하다는 점을 감안할 때 이는 가히 세계 최고 수준이라 할 수 있다.

이처럼 우리나라는 이미 세계 최고 수준의 도시화를 이루어냈다. 엄청난 경제성장으로 이루어낸 대단한 성과가 아닐 수 없다. 그러나 주택시장 측면에서 볼 때 높은 도시화율은 적어도 미래 주택 가격 형성에는 부정적 요인이 될 가능성이 높다. 대한민국 주택시장에서는 더 이상 과거처럼 도시에 인구가 집중되면서 발생하는 '주택수요의 증가 → 재고주택의 부족 → 주택공급 부족 → 주택 가격 급등' 현상이 사라질 것이기 때문이다. 반면에 세계 최고 수준의 도시화율로 인해 향후 도시인구의 귀농·귀촌 현상이 발생할 경우 도시화율 하락현상이 발생할 수 있고 이 경우 주택시장에 일정 수준 이상의 부정적 영향을 미칠 가능성도 배제할 수 없다.

도시 인구비율 첫 감소…"귀농·귀촌 영향"

지난해 우리나라 전체인구 중 도시에 살고 있는 인구비율이 통계를 집계한 1960년 이후 처음으로 감소했다. 귀농이나 귀촌 등 사회적 현상과 맞물린 결과로 풀이된다. 국토교통부가 11일 발표한 「2012년도 도시계획현황 통계」에서 지난해 말 기준 우리나라 전체인구 중 도시지역에 거주하는 인구비율은 91.04%로 지난해 91.12% 대비 0.8%포인트 감소한 것으로 나타났다.

그동안 도시인구 비율은 줄곧 상승세를 보였고 2005년 이후 오름폭의 둔화를 나타냈으나 감소로 전환된 것은 이번이 처음이다. 지난해 도시지역 인구는 15만 1,305명 늘어난 4638만 1,918명이었으나 상대적으로 비도시지역 인구 증가폭이 커 비율이 감소세를 보였다. 도시지역 거주인구가 지난해 대비 0.3%포인트 증가하는 데 그친 반면 1960년대 이후 지속적으로 감소하던 비도시지역의 거주인구는 지난해 처음으로 1.4%포인트 증가됐기 때문이다.

장순재 국토부 도시정책과장은 "비도시지역의 인구가 도시지역보다 상대적으로 많이 늘어났는데 귀농이나 귀촌 등으로 인한 인구유입과 고령화 등 점진적 사회변화가 영향을 준 것 같다"며 "정확한 분석은 추이를 좀 더 살펴봐야 할 것"이라고 말했다.

자료: 〈머니투데이〉 2013. 7. 11

결국 인구구조의 변화, 세계 최고 수준의 도시화율은 대한민국 주택시장에서 시세차익이 아닌 임대수익을 목적으로 하는 주택구입만이 효과적일 것이라는 예측을 가능하게 한다. 여성들이 임대수익 창출이 가능한 주택이나 수익성 부동산에 주목해야 할 또 다른 이유가 아닐 수 없다. 혹시 현재 도시화율이 높은 지역에 소재한 주택을 보유하고 있거나 향후 주택구입을 계획하고 있다면 좀 더 철저한 분석을 통해 구입에 나서는 것이 바람직할 것이다.

시세차익 중심에서 임대수익 중심으로의 변화 관련 핵심 Advise

★ 첫째, 향후 주택시장은 임대수익의 중요성이 더욱 강조될 것이다.

★ 둘째, 현재 도시화율이 높은 지역은 철저하게 검토하라.

★ 셋째, 지역 내 도시화율과 주택보급률을 동시에 검토하라.

★ 넷째, 도시화율이 감소하는 지역이라면 주택구입을 원점에서 재검토하라.

'부동산 시장의 양극화'가
투자 나침반 역할을 한다

대한민국 부동산 시장은 '수도권 vs. 비수도권'이라는 대립적 구도를 유지하고 있었다. 그렇지 않은 경우도 있지만 통상 수도권은 돈이 되는 부동산을, 비수도권은 큰돈이 되지 않는 부동산을 의미했다. 실제로 수도권과 5개 광역시 주택매매가격지수 추이를 보면 수도권 vs. 비수도권의 대립적 구도를 단박에 확인할 수 있다. 이 대립적 구도를 다른 말로 표현하면 '주택 가격의 양극화'가 된다.

최근 수년간 지속되고 있는 수도권 주택시장의 침체와 함께 비수도권 주택시장의 강세가 두드러지면서 수도권 vs. 비수도권의 대립구도는 다소 느슨해지는 모습을 보였다. 이는 수도권과 5개 광역시의 주택매매가격지수 추이를 통해서도 확인할 수 있다.

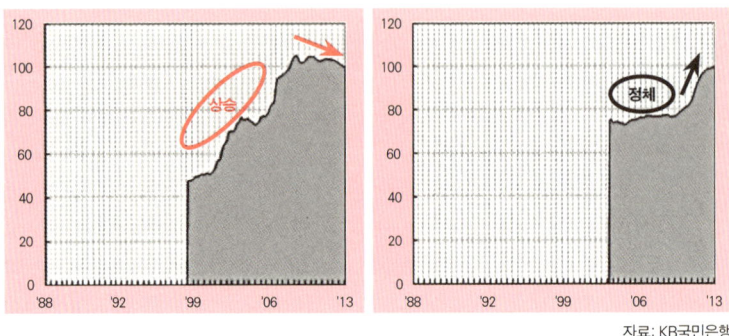

[그림 3-7] 수도권 주택매매가격지수 추이   [그림 3-8] 5개 광역시 주택매매가격지수 추이

자료: KB국민은행

　　그러나 그럼에도 불구하고 수십 년간 굳건히 지속되어온 수도권 vs. 비수도권의 대립구도는 여전히 사라지지 않고 있는 것이 사실이다. 여전히 수도권과 비수도권 사이에는 가격 측면에서 적지 않은 간극이 존재하고 있기 때문이다. 이는 곧 수도권 vs. 비수도권 간 주택 가격 양극화 현상이 여전히 진행형이라는 뜻이다.

　　수익성 부동산 역시 대립적 구도, 즉 양극화 현상이 유지되고 있다. 주택과 마찬가지로 양극화되어 있다는 의미이다. 다만, 주택과는 다소 차이가 존재하는데 주택의 경우는 수도권과 비수도권(지방)으로 대립적 구도를 보였다면 수익성 부동산은 수도권 vs. 비수도권(지방)이라는 단순한 구분이 아닌 동일지역, 이를테면 같은 수도권 내에서도 우량 상권 vs. 비우량 상권으로 대립적 구도를 유지하고 비수도권인 경우에도 역시 우량상권 vs. 비우량 상권의 패턴을 보인다. 즉, 주택에 비해 좀 더 미시적인 대립적 구도를 형성하고 있는 것이다.

　　수도권 상권을 예로 들어보자. 현재 수도권을 대표하는 상권인 홍대 상권, 이대 상권, 가로수 길 상권 내에 입지하고 있는 상가들은 임대보증금이나 월세는 물론 권리금 측면에서도 여타 수도권 상권에 입지하고 있는 상가들을 압도하고 있다. 시쳇말로 가장 핫한 이슈들을 끊임없이 생산해내고 있는 상가들이다. 일례로 인기가수 모씨가 소유한 상가 중 일부를 빌린 임차인이 상가를 비워주지 못하겠다는 분쟁을 벌여서 세간의 주목을 끌었던 건물 역시 대한민국을 대표하는 가로수 길 상권 내에 입지하고 있다. 왜 이 같은 분쟁이 발생하는 것일까? 과연 임대인인 인기가수 모씨가 자신의 욕심을 채우기 위해 무리한 요구를 했기 때문이었을까? 답부터 말하자면 전혀 그렇지 않다.

공인인 인기가수가 세간의 비난을 감수하면서까지 무리하게 약자인 임차인을 쫓아낼 하등의 이유가 없기 때문이다. 아마도 적지 않은 시설투자를 한 임차인에게 예상보다 빨리 장소를 비워줘야 하는 상황이 닥치면서 발생한 문제인 것 같다. 현행 상가건물임대차보호법에 위배되지 않는 범위 내에서 계약이 만료되면 당연히 임차인이 건물을 비워줄 것으로 기대하고 있던 임대인과 시설비며 권리금 등을 막대하게 투자했기 때문에 적어도 투자금을 회수할 때까지는 영업을 할 수 있도록 해줄 것이라는 임대인의 기대가 서로 일치하지 않았던 것이다. 모두가 가로수 길의 상권 파워가 엄청나기 때문에 발생한 일이다.

그러나 다른 한편에서는 임차인은 나가겠다고 하는데 반환해주어야 할 보증금이 없거나 새로 임차인을 구하기 어려울 것 같아 억지로라도 지금 세 들어 있는 임차인을 붙잡아두려고 해서 다툼이 발생하는 경우도 부지기수다. 피부로 체감하는 실물경기가 어렵다 보니 특급 상권은 아니더라도 나름 장사가 잘되던 상권 내에 입지한 상가들에서조차 분쟁이 발생하고 있는 실정이다. 한쪽에서는 못 나가겠다는 임차인이 마지막 희망으로 법에 호소하고 있는 상황이 연출되는데 다른 한쪽에서는 나가겠다고 해도 임차인을 붙잡으려는 임대인 간의 분쟁이 빈번하게 발생하고 있다.

이 외에도 수익성 부동산의 종류에 따라서도 대립적 구도를 보이는데 '지지옥션'에 따르면 2013년 상반기 상가경매 낙찰률과 평균 입찰자 수는 역대 최고치를 경신했다고 한다. 그야말로 수익성 부동산의 전성시대라고 할 수 있다. 그러나 수익성 부동산 가운데 대형 상가와 전통시장 점포는 경매시장에서 철저히 외면을 받았다. 수익성 부동산의 종류에 따른 양극화 현상이 심화되고 있음을 단적으로 보여주는 예다.

부동산 시장의 양극화 관련 핵심 Advise

★ 첫째, 부동산 시장의 양극화 현상은 갈수록 심화될 것이다.

★ 둘째, 과거 시세를 기준으로 저렴하다고 생각되는 부동산을 구입하는 실수를 범하지 마라. 과거 시세는 단지 참고사항일 뿐이다.

★ 셋째, 한번에 시세가 큰 폭으로 떨어진 부동산보다 점진적으로 시세가 하락하는 부동산이 무서운 부동산이다.

★ 넷째, 부동산 시장이 양극화되는 상황에서 최선의 선택은 무조건 우량 부동산에 집중하는 것이다.

★ 다섯째, 양극화는 일시적 현상이 아닌 하나의 장기적 트렌드가 될 것이다. 이와 같은 부동산 시장의 양극화 현상은 경기침체의 더불어 수요 측면에서 과거와 비교할 수 없을 정도로 엄청난 변화가 발생하고 있기 때문인데, 이 같은 추세는 미래에도 지속될 것으로 예상된다. 경기침체는 경기 순환변동에 따라 머지않아 회복국면에 진입할 수 있겠지만 수요요인의 변화, 이를테면 절대인구 감소·저출산·고령화 등 인구구조 측면에서의 변화는 지속될 것이기 때문이다. 그러므로 안정적 임대수익을 창출하기 위해서는 부동산 시장의 양극화 현상에 대한 이해와 분석이 선행되어야만 한다. 자칫 잘못했다가는 임대수익은커녕 덩그러니 공실로 남은 건물을 쳐다보며 한숨만 쉴 수도 있기 때문이다.

둘 이상의 목표를 추구하는
'하이브리드 재테크'가 뜬다

1인가구를 대상으로 임대를 놓기에 적합한 원룸이나 도시형생활주택 혹은 오피스텔을 구입하는 사람들이 늘어나고 있는 추세이다. 직업이나 성별 및 나이를 떠나 임대수익으로 편안한 삶을 누리는 것 자체를 로망으로 여기는 사람들이 많기 때문이다.

또한 부동산 시장의 흐름이나 상황을 잘 모르는 사람들조차도 1인가구 및 2인가구 등 소규모 가구가 증가할 것이라는 사실을 잘 알고 있기 때문이기도 하다. 이는 굳이 통계청의 인구·가구 관련 자료를 찾아보지 않아도 알 수 있는 사실이다. 통계청의「장래가구추계」를 보면 이러한 사실은 더욱 확실해진다. 시간의 흐름에 따라 1인가구, 2인가구 등 소규모 가구의 증가는 가히 폭발적일 것으로

예상된다. 안정적인 임대수익 창출이 목표인 사람들이 원룸·도시형
생활주택·오피스텔에 열광하는 나름의 이유는 충분한 셈이다.

그러나 안타깝지만 의외로 최근 원룸이나 도시형생활주택 그리
고 오피스텔을 구입한 사람들 중 상당수는 얼마 지나지 않아 자신들
이 임대수익에 대한 환상을 가지고 있었음을, 그리고 그 환상과 현
실 사이에는 극명한 차이가 있음을 발견하게 된다. 이렇게 실망을
하는 가장 큰 이유는 임대수익이 당초의 기대치에 미치지 못하기 때
문이다.

그렇다면 왜 이런 현상이 나타나는 것일까? 입지가 너무 안 좋
은 곳에 있는 원룸을 구입해서? 아니면 집 자체에 과도한 대출금이
있어 임차인들이 꺼려하기 때문에? 이도 아니면 주변의 원룸에 비
해 오래되어서 상대적으로 낮은 임대료를 받을 수밖에 없기 때문
에? 분명히 과거에 비해 1인가구 및 2인가구 등이 크게 증가했고 실
제로 이들이 선호하는 주거유형은 대부분 원룸이나 도시형생활주
택 내지는 오피스텔인데, '도대체 그 이유를 모르겠다'고 생각해도
무리는 아니다. 그 이유를 알고 싶은가? 놀라지 마시라. 답은 의외
로 너무 간단한 곳에서 찾을 수 있으니까. 바로 단기간에 소형주택
열풍이 불어닥친 결과 이들의 공급물량이 과도할 정도로 증가했기
때문이다. 그 대표적 예가 오피스텔이다.

'부동산114'의 리서치 자료에 따르면 2013년 상반기 전국의 오
피스텔 입주물량은 1만 4,378호이다. 지난해 같은 기간 입주물량
이 5,457호였다는 점을 감안할 때 세 배에 육박하는 수준인데 이미
2011년 이후 오피스텔 공급물량은 크게 증가하는 모습을 보여왔다.

다분히 1인가구나 2인가구 등 소규모 가구를 겨냥한 공급확대의 성격이 짙었다.

당연한 결과지만 이처럼 과도한 공급물량은 임대수익률의 하락과 매매가격 하락으로 이어졌다. 2013년 상반기 전국의 오피스텔 임대수익률은 5.93%, 서울은 5.48%, 경기도는 5.96%에 그친 것으로 나타났는데 이 같은 임대수익률은 2002년 이후 최저 수준이다. 물론 오피스텔의 임대수익률 하락에는 경쟁상품인 원룸과 도시형생활주택의 공급증가도 큰 영향을 주었다.

임대수익률의 하락이 오피스텔의 매매가격을 떨어뜨리는 이유는 오피스텔 자체가 시세차익보다 임대수익에 초점을 맞춘 준주택이기 때문이다. 따라서 공급과잉에 따른 임대수익률 하락은 곧 추가적인 매매가격 하락으로 연결될 수 있다는 점에서 일정기간 이상 오피스텔 시장은 약세를 보일 것으로 예상된다.

그렇다면 오피스텔과 쌍두마차인 도시형생활주택의 사정은 어떨까? 도시형생활주택 역시 공급과잉에 따른 몸살을 앓고 있다. 2009년 이후 본격적으로 오피스텔과 함께 1인가구 및 2인가구를 위한 소형주택으로 각광을 받으며 공급 역시 크게 증가했기 때문이다. 2009년 1,688호에 불과하던 도시형생활주택의 인허가 물량은 2010년 2만 529호에 이어 2011년 8만 3,859호로 폭발적으로 증가하더니 2012년에는 12만 3,949가구에 달했다. 도시형생활주택은 인허가에서 입주까지 소요되는 기간이 1년 이내이다. 따라서 오피스텔과 도시형생활주택의 공급과잉 문제가 함께 발생하면서 부정적 시너지효과를 발휘할 가능성도 배제할 수 없는 상황이다. 이는 오피스텔과 도시형생활주택은 당분간 투자대상으로써 매력적이지 않다는 의미이다.

<hr />

대한민국은 '원룸 공화국'
도시형생활주택 최근 3년간 40배 ↑

얼마 전 정년퇴직을 한 A씨(57)는 지난해 서울 관악구 신림동에 5억 원가량을 투자해 6실짜리 원룸을 지었다. 최근 직장인 및 신혼부부들이 강남에 비해 상대적으로 저렴한 이 일대를 많이 찾고 있는 데다, 인근 대학가 수요까지 감안한다면 충분히 수익을 낼 수 있다는 판단이 섰기 때문이다. 하지만 이 건물은 현재 3실이 빈 채 임차인을 찾지 못하고 있다. 주변에 우후죽순 생겨난 도시형생활주택과 원룸·고시텔이 문제였다. A씨는 "공실이 없을 것을 가정해 연 7~8% 정도의 수익률을 예상했는데, 지금은 대출금 갚고 나면 남는 게 없다"며 "가격만 맞는다면 차라리 매각하고 싶은 심정"이라며 한숨을 내쉬었다.

원룸, 도시형생활주택 등 서울 시내 소형임대주택 시장이 포화상태라는 지적이 잇따르고 있다. 2009년 838가구에 불과하던 도시형생활주택은 지난해 3만 4,103가구로 무려 40배나 증가했다. 16일 부동산정보업체 '부동산114'에 따르면 올해만 도시형생활주택 8만 가구, 오피스텔 3만 실이 전국에 쏟아질 예정이며 이들 대부분은 서울·수도권 등지에 몰려 있다. 여기에 단독주택을 원룸으로 불법 개조한 건물까지 합하면, 소형임대주택 공급량은 기하급수적으로 증가한다.

자료 : 〈세계일보〉 2013. 6. 16

공급과잉에 따른 임대수익률 하락과 매매가격 하락현상이 가속화되고 있음을 기사를 통해서도 확인할 수 있다. 그렇다면 더 이상 오피스텔이나 도시형생활주택, 원룸 등은 안정적인 임대수익 확보를 위한 매입대상이 아니라는 의미일까? 결코 그렇지 않다.

대한민국의 주택시장을 대표하는 아파트는 현재 시세차익 중심에서 임대수익 중심으로 투자의 무게중심이 이동하고 있다. 아파트를 통한 재테크 역시 종전의 시세차익 중심에서 임대수익 중심으로 투자초점을 전환해야 하는 것이다. 마찬가지로 임대수익이 주목적인 원룸, 오피스텔, 도시형생활주택 등은 임대수익 외에 직접 사용 내지는 시세차익을 함께 고려하는 하이브리드 투자를 하는 방식으로 발상을 전환해야 한다. 그러면 충분히 일정 수준 이상의 성과를 기대할 수 있다.

앞으로 대한민국 부동산 시장은 임대수익이 그 어느 때보다 중요시되는 방향으로 조성될 것이다. 이로 인해 임대수익의 확보가 강조될 것이고 그러다 보면 자연히 지나치게 임대수익 하나에만 매달리는 현상도 나타나기 쉬울 것이다. 그럴 경우 안정적인 임대수익은 커녕 적지 않은 처분손실을 감수해야 하는 경우까지 발생할 수 있다.

  '안정' 혹은 '안정적 수익'이란 자산시장의 불확실성이 커지면 커질수록, 그리고 각 개인들의 노후준비에 대한 우려가 커지면 커질수록 필요 이상으로 강조되기 쉬운 특성이 있다. 그런데 진정한 '안정' 혹은 '안정적 수익'은 임대수익 등 어느 하나의 목표에만 매달려서 달성할 수 있는 성질의 것이 절대 아니다. 좀 더 시야를 넓혀서 두세 가지 이상의 목적을 동시에 추구하는 투자패턴을 통해서만 이를 확보할 수 있다. 그러므로 안정적 임대수익을 원한다면 하이브리드 재테크를 추구해야 한다.

하이브리드 재테크 관련 핵심 Advise

★ 첫째, 단 하나의 목표만으로 부동산을 매입하면 쪽박을 차게 될 것이다.

★ 둘째, 안정적 임대수익을 확보하려면 수익 외에 다른 목표도 함께 추구하라.

★ 셋째, 둘 이상의 목표가 없다면 어떤 부동산도 절대 매입하지 마라.

Change ★ 10

'학령인구의 감소'가
부동산의 가격흐름을 바꾼다

이미 살펴본 것처럼 우리나라는 출산율 감소의 여파로 절대인구의 감소를 피할 수 없을 전망이다. 다만 그 시기가 문제일 뿐. 비록 2013년 우리나라 총인구가 5,022만 명으로 2010년에 비해 1.6% 증가한 것으로 나타났지만 출산기피 현상이 해소되지 않는 한 이는 필연적인 결과다. 인구증가 자체가 고령인구의 증가에 힘입은 것이지 신생아 출생의 증가 때문은 아니라는 점을 볼 때 더욱 그렇다.

평균수명은 증가하는 데 비해 출산율은 감소하는 현상은 필연적으로 청소년 인구(9~24세)의 감소현상을 초래한다. 실제로 2013년 우리나라 인구는 1.6% 증가했으나 청소년 인구는 4.1% 감소한 것으로 나타났다. 청소년 인구 비중은 1978년 36.9%로 정점을 찍은 후 지속적으로 하락하는 모습을 보였다. 이는 젊은 세대들의 출산기피 현상과 만혼현상이 복합적으로 작용한 결과라고 볼 수 있다. 그러므로 출산율의 재고가 이루어지지 않는 이상 청소년 인구비중은 지속적으로 감소할 수밖에 없을 것이다.

한편, 청소년 인구비중의 감소가 다시 학령인구의 감소를 초래한다는 점은 상당히 우려스러운 대목이 아닐 수 없다. 학령인구란 학령아동의 총인구 수로 정의되는데 우리나라의 경우 만 6세~21세까지의 인구를 의미한다. 2013년 기준 우리나라의 학령인구는 936만 3천 명인데 이는 지난 2010년의 1,001만 2천 명에 비해 64만 9천 명이 감소한 수치이다. 문제는 다가올 미래에도 우리나라의 학령인구 감소현상이 해소되기는커녕 과거에 비해 더 심해질 것이라는 점에 있다. 2060년에 이르면 학령인구 비중이 11.1%에 불과할 것이라는 예측까지 나오고 있는 실정이다.

학령인구의 감소는 경제 전반에 걸쳐 부정적인 영향을 줄 수밖에 없다. 대한민국 사회에서 교육이 차지하는 비중이 얼마나 엄청난지를 조금만 생각해보면 그 이유를 어렵지 않게 짐작할 수 있다. 일례로 교육시장의 규모가 당장 상당 부분 축소되리라는 예상은 누구나 할 수 있다. 부동산 시장 역시 학령인구 감소의 후폭풍에 시달릴 것이다. 우선 학교인프라 형성에 상당한 역할을 담당하고 있는 학원가들은 엄청난 구조조정에 직면할 것이다. 학령인구의 범위를 유치원에서 고등학교까지로 좁혀보면 이를 좀 더 분명하게 확인할 수 있다.

2010년 유치원에서 고등학교까지의 학령인구는 총 867만 7천 명이었으나 2015년에는 752만 4천 명으로 감소하고 2020년에는

[표 3-5] **학령아동 변동 추계**

(단위: 천 명)

	2010	2015	2020	2025	2030
유치원	1,337	1,380	1,356	1,342	1,313
초등학교	3,276	2,736	2,719	2,691	2,663
중학교	1,974	1,563	1,359	1,367	1,333
고등학교	2,090	1,846	1,370	1,350	1,324
합계	8,677	7,524	6,805	6,750	6,633

자료: 통계청

주: 1) 2013년 4월에 작성한 장래인구추계자료임

2) 2010년까지는 확정인구이며, 2011년 이후는 다음 인구추계시 변동될 수 있음

680만 5천 명, 2030년에는 663만 3천 명 수준까지 감소할 것으로 예상된다. 수치상으로 보면 2015년까지 2010년 대비 115만 3천 명의 학령인구가 감소하고 2020년까지는 71만 9천 명이 추가로 감소하며 결국 2030년에는 유치원에서 고등학교까지의 학령인구가 2010년 대비 204만 4천 명 감소할 것이라는 뜻이다.

이처럼 주 고객층인 학령인구가 크게 감소한다면, 즉 시장 전체에서 나눠 먹을 수 있는 파이가 줄어든다면 보다 경쟁력 있고 일정 정도 이상의 규모를 지닌 학원들만 살아남을 수 있을 것이다. 그러면 학원들이 사용하던 상가건물들은 학원 이외의 용도로 변경되어야 하는데 과연 어떤 용도로 건물을 채울 수 있을까? 현재로서는 명쾌한 해답이 없는 실정이다. 만일 새로운 용도를 발굴해 학원들이 남겨놓고 떠나간 상가의 빈자리를 채우지 못한다면 도심 내 상가건물들은 공실률 증가와 이에 따른 임대수익률 하락의 여파로 가격하락 현상에 직면할 것이다.

이런 이유로 학령인구의 감소는 분명 도심 내 수익성 부동산 그

중에서도 상가건물들의 가격흐름을 크게 뒤바꾸어놓을 가능성이 매우 크다. 또한 대한민국 사회가 지금까지 단 한 번도 경험해보지 못한 종류의 변수이기 때문에 어느 지역에 얼마나 영향을 미칠지 미리 예측하기도 매우 어렵다. 게다가 그 변화의 폭 역시 서서히 나타나는 것이 아니라 당장 2015년이면 2010년 대비 115만 3천 명이나 감소할 것으로 예상되는 등 빠르게 진행될 것으로 보여 더욱 신중한 접근이 필요한 실정이다. 그러므로 확실하고 안정적인 임대수익을 확보하려면 도심 내 상가건물은 조금 더 시간을 두고 지켜보는 것이 바람직하다.

학령인구 감소 관련 핵심 Advise

★ 첫째, 학령인구 감소는 도심 내 고층부 상가건물의 가격 형성에 큰 영향을 미칠 것이다.

★ 둘째, 학령인구 감소의 부정적 효과는 빠른 속도로 파급될 것이다.

★ 셋째, 학령인구 감소 여파로 학원 상권의 양극화가 심화될 것이다.

★ 넷째, 학령인구 감소의 후폭풍을 견뎌낸 상권은 보다 높은 가격이 형성될 것이다.

★ 다섯째, 학령인구 감소는 선택이 아닌 필수이고 대한민국 사회가 단 한 번도 경험하지 못한 변수인 만큼 신중하고 철저한 분석이 필요하다.

Q 교통 편리성과 인구밀도 중에서 어떤 부분이 더 중요할까요?

A 이 질문에 대답하기는 결코 쉽지 않습니다. 왜냐하면 교통의 편리성과 인구밀도 모두 부동산 가격 형성에 엄청난 영향을 미치는 중요변수이기 때문입니다. 그러나 위 두 가지 변수 가운데 굳이 우열을 가리자면 교통 편리성이 확보된 곳을 선택하라고 답하고 싶습니다. 우리나라가 이미 급속한 도시화 시기를 지났기 때문입니다.

급속도로 도시화가 진행되고 있다면 각종 기반시설들이 개발속도를 따라가지 못하는 것이 일반적입니다. 이런 경우라면 여러 가지 이유로 인구가 집중돼 인구밀도가 높은 지역조차 일정기간 교통 편리성이 양호하지 못하겠지요. 그러나 이미 도시화가 대부분 완료된 우리나라의 경우는 결코 그렇지 않습니다. 정부의 각종 개발방향을 보면 가급적 기반시설이 이미 잘 갖춰져 있는 곳에 신규 개발계획을 수립하고 있다는 사실을 발견할 수 있습니다. 왜 그럴까요? 막대한 재정이 투입되는 기반시설 확충에 대한 부담을 일정 부분 제거할 수 있기 때문입니다.

따라서 현재 인구밀도가 높은데도 불구하고 교통 편리성이 떨어지는 지역이 혹여 있다면 특별히 자족기반이 잘 갖춰진 지역이 아닌 이상 교통 편리성이 뛰어난 지역으로 인구이동 현상이 발생하게 될 것입니다. 교통 편리성이 뛰어난 지역을 선택해야 하는 이유가 바로 여기에 있습니다.

Q 상가와 주택 중 어떤 것이 초보자가 임대사업을 하기에 조금 더 쉬운가요?

A 딱히 어느 쪽이 쉽다고 말하기는 애매하지만 아무래도 임대사업을 처음 시작하는 분이라면 주택임대가 조금 더 쉽게 느껴질 것입니다. 그 이유는 주택이 상가에 비해 더 친숙하기 때문입니다. 가족이나 자신이 직접 상가를 소유하고 있거나, 상가를 임차해 점포를 운영해본 경험이 없다면 상가임대는 생소하게 느껴질 수 있습니다.

그렇다고 상가임대가 주택임대와 크게 다르거나 어려운 것은 아닙니다. 주택에 주택임대차보호법이 있는 것처럼 상가는 상가건물임대차보호법에 의해 임대차와 관련된 중요사항이 규정되기 때문에 그 내용에 따라 임대를 하면 큰 분쟁이나 다툼이 발생할 가능성이 거의 없습니다. 다만, 세금은 조금 차이가 나니 이 점은 주의해야 합니다.

예를 들어 상가임대를 통해 받는 월세에 대해서는 임대인이 부가가치세 납부의무를 갖지만 주택임대를 하면 월세에 대한 부가가치세를 납부할 의무가 없습니다. 이런 점에서 주택임대가 상가임대에 비해 비교적 수월하다는 생각을 할 수 있지만 조금만 신경을 쓰면 되는 내용이므로 그렇게 어려워할 필요는 없습니다.

Q 월세 임대가격은 어느 시점에 올려야 마찰이 적을까요?

A 사실 월세든 전세든 임대료를 올리면 임차인과 크고 작은 마

찰이 생기기 마련입니다. 따라서 아무런 마찰 없이 임대료를 인상할 수 있다고 생각한다면 그것은 임대인의 지나친 욕심이라고 할 수 있겠지요.

그렇다면 어떻게 해야 임차인과의 마찰을 최소화하면서 임대료를 인상할 수 있을까요? 약속한 임대차 기간이 종료되기 6개월 전부터 1개월 전까지 임대료를 인상하겠다는 의사를 분명하게 전달하는 것이 좋습니다. 위 내용은 주택임대차보호법에서 규정하고 있는 사항입니다. 물론 임대시세가 크게 변한 경우 계약기간 중에라도 언제든지 임대인은 물론 임차인 역시 임대료의 조정을 요구할 수 있습니다. 이 경우 역시 주택임대차보호법에 관련 규정이 있는 만큼 해당 내용을 잘 숙지해두었다가 적극 활용하면 큰 마찰 없이 임대료를 인상할 수 있을 것입니다.

여기서 한 가지 당부를 드리자면, 계약기간이 만료된 이후 새로 임차인을 구하든 아니면 종전 임차인에게 재임대를 하든 임대료 인상은 분명 임대인 고유의 권한이지만 가급적이면 그때그때 분위기에 휩쓸리지 말고 사전에 임대하고 있는 주택의 적정 임대료를 파악한 후 임대료를 책정하는 것이 좋습니다. 그래야 임차인도 수긍하고 임대인도 만족할 수 있는 임대료 인상이 가능합니다.

4부

여자가
꼭 알아두어야 할
10가지 현금수입 포인트

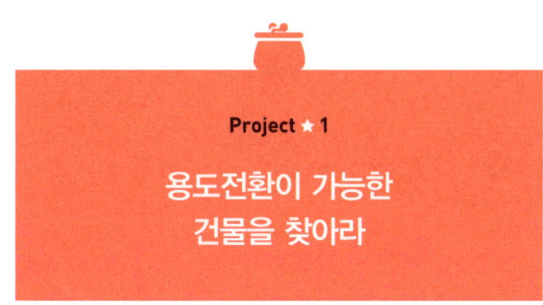

Project ★ 1

용도전환이 가능한
건물을 찾아라

부동산은 가장 적합하게 사용할 때 그 가치가 극대화된다. 이는 거꾸로 적절하지 않은 용도로 사용하면 제 가치를 인정받지 못한다는 뜻이기도 하다. 어떤 토지가 있다고 가정해보자. 보통의 경우라면 그 토지를 그대로 놀리기보다 농작물을 재배하는 것이 분명 더 가치를 높이는 행동일 것이다. 또한 그보다는 집을 짓는 것이 자산가치 측면에서 보다 가치를 높이는 행동일 것이고, 같은 이유로 그보다는 상업용 건물을 지으면 더 가치를 높일 수 있을 것이다.

　그런데 만약 그 토지가 인적이 드문 곳에 입지하고 있는 임야, 즉 산이라면 어떨까? 이 경우에도 임업용 묘목을 심어두는 것보다 집이나 상입용 건물을 짓는 것이 자산가치를 극대화하는 선택일까?

아마도 그렇지 않을 것이다. 특별한 경우가 아닌 이상 인적이 드문 임야 위에 집을 짓거나 상업용 건물을 짓는다고 해서 자산가치가 극대화되기는 어렵다.

토지를 예로 든 것처럼 부동산은 여러 가지 용도로 사용이 가능하다. 이는 토지를 이용상황에 따라 각기 다른 이름으로 부르고 있다는 사실을 통해서 명확하게 확인할 수 있다. 논으로 사용되고 있는 토지는 답(畓), 밭으로 사용되고 있는 토지는 전(田), 산으로 사용되고 있는 토지는 임야(林野), 건물의 부지로 사용되고 있는 토지는 대(垈) 등등 그 이름이 제각각이다. 건물 역시 크게 다르지 않다. 주택만 해도 단독주택, 다가구주택, 다중주택, 공동주택 등등 그 이름이 토지와 마찬가지로 제각각이다.

이처럼 부동산은 다양한 용도로 활용될 수 있는데, 주변상황에 맞게 활용되어야 비로소 가치가 극대화된다는 특징이 있다. 우리 주변에도 적합한 용도가 아닌 다른 용도로 사용됨으로써 제 가치를 인정받지 못하는 부동산을 종종 발견할 수 있다. 주로 건물이 그러한데, 수익성 부동산의 입지로 적합하지 않은 곳에 있는 수익성 부동산이나, 주거용 건물이 아닌 다른 용도로 활용될 때 오히려 가치를 극대화할 수 있을 것으로 보이는 주택 등이 전형적인 예다. 이런 경우는 대부분 제 가치에 비해 저평가되기 마련이다. 다음 [그림 4-1]은 강남역 인근의 모습이다.

업무용 및 상업용 건물이 즐비하게 늘어서 있는데, 매매가격이나 임대가격이 최고 수준을 자랑한다. 그런데 만약 이런 강남역 상권에 오직 주거만을 목적으로 하는 단독주택이나 다가구주택이 자

[그림 4-1] **강남역 인근**

자료: 서울특별시

[그림 4-2] **강원도 정선군 민둥산 전경**

자료: 네이버

리 잡고 있다면 어떨까? 아마도 다른 지역에 자리 잡고 있는 단독주
택이나 다가구주택에 비해 높은 임대가격이 형성되어 있을 테고, 따
라서 상대적으로 높은 임대료를 받을 수는 있을 것이다. 그러나 업
무용이나 상업용 건물보다는 임대료가 적을 수밖에 없다.

[그림 4-2]는 정선군 남면에 소재하고 있는 민둥산 인근이다.
2차선 도로가 지나고 있고 풍광이 운치 있는데 이런 곳에 업무용 빌
딩이나 상업용 빌딩이 자리 잡고 있다면 어떨까? 말도 안 되는 소리
라면서 손사래를 치는 독자들이 대부분일 것이다. 이런 지역에 굳이
건물을 짓고 싶다면 자연의 풍광을 제대로 살릴 수 있는 민박집이나
펜션이 적당할 것이다. 물론 공법상 규제가 없다는 전제하에서만 가

능한 일이겠지만 말이다.

용도전환이 가능한 건물을 찾는 5단계

이 두 가지 예만 보아도 지역의 특징에 걸맞은 건물이 입지해야 비로소 그 건물의 가치가 극대화된다는 사실을 확인할 수 있다. 그렇다면 이제 좀 더 구체적인 실행방안을 살펴보도록 하자. 이 실행방안을 도출해내기 위해서는 무엇보다 지속적인 손품과 발품이 필요하다.

첫째, 가장 익숙하고 친숙한 지역을 타깃으로 설정한다. 자기 스스로 그 지역에 투자해야만 하는 나름의 근거를 찾을 수만 있다면 그 범위를 강남과 같은 몇몇 지역으로 한정할 필요는 없다. 현재 자신이 거주하고 있는 지역도 좋고 직장 근처 혹은 태어나서 자란 고향도 좋다. 자신에게 익숙해서 조그만 변화도 어렵지 않게 찾아낼 수 있는 지역이면 된다.

둘째, 익숙하고 친숙한 지역이 어떤 성격을 지녔는지를 분석한다. 주거 밀집지역인지 아니면 상업 및 업무 밀집지역인지, 그것도 아니면 주거 및 주거와 밀접하게 연결된 근린생활시설 밀집지역인지를 분석하는 것이 이 과정의 핵심이다. 이에 따라 적정 임대수익의 크기가 달라지고 매매가격도 큰 편차를 보인다.

셋째, 지역의 특성에 적합하지 않게 활용되고 있는 부동산을 찾아낸다. 지역 특성에 맞지 않게 활용되고 있는 건물은 예외 없이 임대에 어려움을 겪기 때문에, 낮은 수준의 임대료가 형성되어 있을 뿐 아니라 매매가격 역시 지역 특성에 적합하게 활용되고 있는 건물들에 비해 낮은 경우가 대부분이다.

넷째, 지역 특성에 적합하게 활용되고 있는 유사 부동산들의 시세와 자신이 찾아낸 부동산의 시세를 비교한 후 이를 개선하기 위해 소요될 것으로 예상되는 비용을 추출해 최종적으로 투자 타당성을 검토한다. 혹시라도 과도한 시설 개선비용이 소요될 경우 발생할 수 있는 투자 실패를 미연에 방지하기 위해 꼭 필요한 과정이다.

다섯째, 마지막 단계로 분석결과에 따라 부동산의 구입 여부를 결정한 후 만약 구입하기로 결정했다면 가장 좋은 가격에 구입할 수 있도록 적절한 노력을 기울인다. 평소 부동산사무소와 원만한 관계를 닦아놓았다면 이 단계에서 그 관계가 빛을 발할 수 있을 것이다.

많은 사람들이 부동산을 싸게 구입하기만 하면 무조건 임대수익과 시세차익을 창출할 수 있으리라고 생각한다. 부동산 경기가 침체국면일수록 경매시장을 주목하는 투자자들이 크게 증가하는 이유 또한 여기에 있다. 하지만 싸게 구입했다고 해서 모두 임대수익이나 시세차익을 기대할 수 있는 것은 아니다. 다 그만한 이유가 있어서 싸게 판매되는 부동산이 너무 많기 때문이다. 따라서 무조건 싼 주택을 찾기보다 위에서 제시한 다섯 단계를 꼼꼼하게 점검한 후 주택에서 상가로, 혹은 상가에서 주택으로의 용도변경이 가능한 부동산을 찾는 것이 바람직하다. 이 과정을 거치면 임대수익은 물론 시세차익까지 기대할 수 있는 부동산을 찾을 수 있다.

지금 당장 자신이 가장 잘 아는 지역을 매의 눈으로 살펴보아라. 네 번째 단계까지 거쳤다고 해도 지금 당장 그 부동산을 구입하지 않아도 좋다. 이런 연습을 통해 부동산을 가장 적절한 용도로 사용하는 노하우를 습득한다면 이는 미래를 위한 학습이자 값진 자산이 될 것이다. 혹여 적절하지 않은 용도로 사용되고 있는 부동산이 있는지, 있다면 어떻게 활용하는 것이 지역 특성에 적합한지 고민하는 습관을 지닌다면 머지않아 월세수입의 꿈을 실현할 수 있을 것이다.

김박사의 투자가이드

★ 지역 특성에 적합하지 않게 임대되고 있는 부동산을 찾아라.

★ 지역 특성에 적합하게 사용되고 있는 부동산과의 시세 차이를 분석하라.

★ '적정 용도로 활용되고 있는 동종 유사 부동산의 매매시세 〉 용도변경비용+현상태 구입비용'이라면 투자 성공확률이 높다.

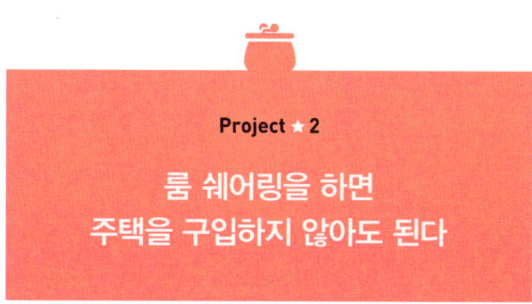

Project ★ 2

룸 쉐어링을 하면
주택을 구입하지 않아도 된다

임대수익은 대한민국 국민이라면 누구나 꿈꾸는 로망이다. 그렇지만 꿈은 꿈일 뿐, 자신도 충분히 임대수익을 올리는 임대인이 될 수 있으리라는 생각을 하는 사람은 의외로 많지 않다. 왜 그럴까? 바로 임대수익을 올리려면 반드시 자기 건물이 있어야 한다는 고정관념 때문이다. 상가든 주택이든 아무리 작은 부동산이라도 구입하려면 적게는 수천만 원에서 많게는 수십억 원의 자금이 필요하다. 따라서 자신의 건물이 있어야만 임대수익을 창출할 수 있다는 고정관념에 사로잡혀 있는 이상 임대수익은 그저 남의 이야기로 치부될 수밖에 없다.

그런데 여기, 그런 통념을 통째로 날려버릴 방법이 있다. 발상의 전환, 즉 역발상을 통해서이다. 그렇다면 도대체 자기 건물이 없는데도 어떻게 임대수익을 창출할 수 있다는 것일까? 지금부터 그 방법을 살펴보도록 하자.

노는 방으로 수입을 창출하라

가장 먼저 공유경제 개념을 건물에 도입한 경우를 들 수 있다. 대표적인 사례로 룸 쉐어링(Room Sharing, 방 공유)이 있다. 룸 쉐어링 개념은 어찌 보면 지극히 간단하다. 전세 혹은 월세로 거주하고 있는 주택 중에서 활용빈도가 떨어지는 방을 다른 사람과 공유하면 된다. 가령 어떤 사람이 방이 세 개인 주택을 전세로 임대해 거주하고 있는데 방 세 개 가운데 한 개의 사용빈도가 매우 낮아 사실상 놀고 있다면 이 방을 다른 사람에게 제공해 임대수익을 창출할 수 있다.

얼핏 보면 하숙이나 자취와 비슷해보이지만, 룸 쉐어링은 두 가지 측면에서 근본적인 차이가 있다. 첫 번째는 방의 제공빈도다. 하숙이나 자취는 특정 계약기간 동안 상시적으로 방을 제공해줘야 하지만, 룸 쉐어링은 그때그때 상황에 따라 불규칙적으로 방을 공유한다. 두 번째는 방을 공유하는 상대다. 하숙이나 자취는 주로 내국인을 대상으로 하지만 룸 쉐어링은 외국인, 특히 관광객을 대상으로 한다.

룸 쉐어링은 아직까지 크게 보편화되지 않은 것이 사실이다. 어떻게 룸 쉐어링을 할 수 있을지 몰라서 망설이는 사람들을 위해 사이트를 하나 소개하도록 하겠다. 바로 비앤비히어로(BnBHERO)이다.

비앤비히어로는 룸 쉐어링 개념이 생소한 시절부터 방 공유 개

[그림 4-3] **룸 쉐어링의 동반자, 비앤비히어로**

자료: 비앤비히어로(www.bnbhero.com)

넘을 활용해 적극적으로 비즈니스를 펼쳤기 때문에 룸 쉐어링이 생소한 사람들에게 큰 도움이 된다. 일단 비앤비히어로의 홈페이지에 접속해 회원가입을 한 후 임대를 원하는 물건을 등록하기만 하면 된다. 회원가입 절차도 간단하고 가입비용도 들지 않는다.

우선 회원가입 절차를 보자. 비인비히어로의 홈페이지 메인 화면 좌측 상단의 '회원가입'을 클릭한다.

[그림 4-4] **비앤비히어로의 회원가입 창**

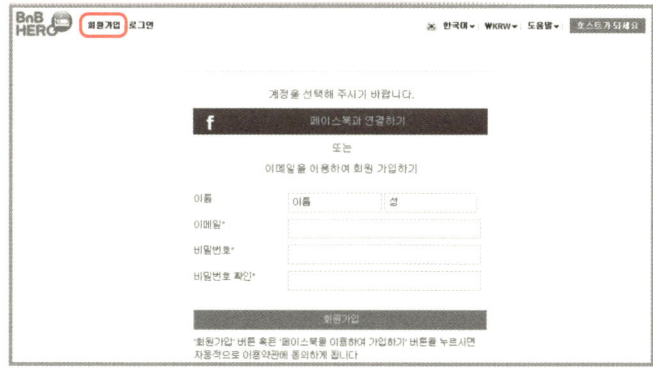

자료: 비앤비히어로(www.bnbhero.com)

이름과 이메일 그리고 비밀번호만으로 회원가입이 이루어지기 때문에 크게 어렵지 않다. 회원가입이 끝났으면 다음으로 우측 상단의 '호스트가 되세요'라는 초록색 음영 부분을 클릭하면 된다. '방 등록하기'와 '액티비티 등록하기'가 나오는데 '방 등록하기'를 누른 후 차례대로 해당 내용을 입력한다.

[그림 4-5] **비앤비히어로 방 등록하기 (1) : 주소와 설명**

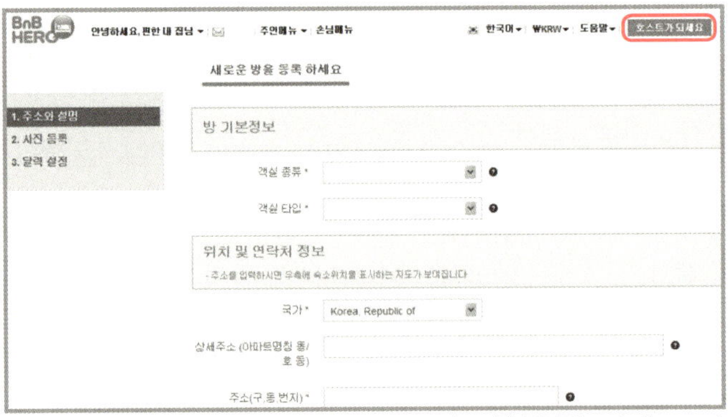

자료: 비앤비히어로(www.bnbhero.com)

임대를 원하는 방이 위치하고 있는 주소, 그리고 방과 관련해 여행객들이 알고 싶어할 만한 사항에 대한 설명을 모두 입력했으면 이제 해당 주택에 대한 사진자료를 업로드할 차례다. 주의할 것은 임대하기를 원하는 방을 최대한 예쁘게 꾸며서 사진을 찍어야 한다는 점이다.

사진등록이 끝났다면 이제 달력설정을 한다. 하숙이나 자취와 달리 간헐적으로 임대를 하기 때문에 언제 임대가 가능한지, 임대가 완료되었거나 불가능한 때는 언제인지, 요일별로 임대료가 다르다

[그림 4-6] **비앤비히어로 방 등록하기 (2) : 사진등록**

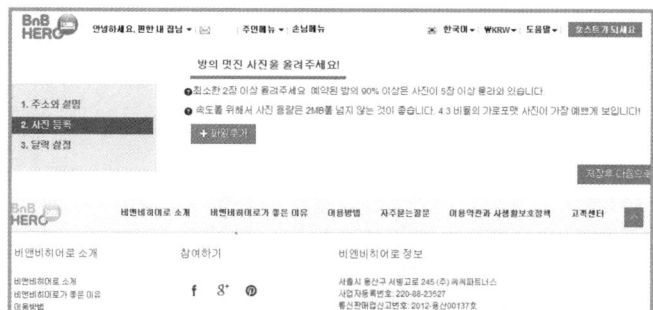

자료: 비앤비히어로(www.bnbhero.com)

[그림 4-7] **비앤비히어로 방 등록하기 (3) : 달력설정**

자료: 비앤비히어로(www.bnbhero.com)

면 그 금액은 얼마인지 등을 입력하면 된다.

위 단계를 모두 입력하면 [그림 4-8]과 같은 창이 나타난다. 사진을 입력하지 않았기 때문에 등록절차가 완료되지 않았다는 내용을 확인할 수 있다. 이럴 경우 해당 내용을 추가 입력하면 등록절차를 마무리 지을 수 있다.

매물등록 외에 방 주인의 프로필과 결제계좌에 대한 정보 또한

[그림 4-8] 비앤비히어로로 방 등록하기 (4) : 등록마무리

자료: 비앤비히어로(www.bnbhero.com)

추가로 입력해야 하는데 예약하는 사람이 안심하고 방을 빌리도록 하기 위해 꼭 필요하다. 여기까지 완료했다면 이제 모든 준비는 끝났다. 이제 남은 것은 임대예약과 관련된 소식이 오기를 기다렸다가 임대수익을 창출하는 것뿐이다.

룸 쉐어링은 남는 방으로 임대수익을 창출할 수 있는 매력적인 기회이다. 지역적으로 볼 때 굳이 서울이나 수도권이 아니더라도 괜찮다. 다만 홍대입구, 이대입구, 신촌처럼 외국인 관광객들이 선호하는 지역 내의 주택이 그렇지 않은 지역에 비해 더 안정적이고 확실한 임대수익을 창출할 수 있다는 점은 기억해둘 필요가 있다.

우리나라를 방문하는 외국인 관광객들은 갈수록 늘어날 것이다. 더구나 이웃나라 중국과의 FTA협상이 완료될 경우 관광객 폭증 현상이 나타날 수 있다. 하지만 이들을 수용할 수 있는 호텔 등 제반 숙박시설은 부족한 상황이다. 룸 쉐어링이 매력적인 임대수익 창출 방법이 될 수 있는 환경이 조성되고 있는 것이다. 고정관념에서 벗어나기만 하면 꼭 주택을 구입하지 않아도 충분히 임대수익을 올릴 수 있다.

김박사의 투자가이드

★ 외국인 관광객들이 선호하는 지역을 주목하되 지하철 등 대중교통 접근성이 편리한 지역이 유망하다.

★ 여분의 방을 활용하되 가급적 예쁘고 깔끔한 상태를 유지하라.

★ 서울이나 수도권에 얽매이지 말고 외국인 관광객들이 선호하는 지역이라면 어디든 적극적인 관심을 갖고 주변 환경을 분석하라.

★ 투자대비 수익 측면을 고려하여 내부수리 비용을 지출하라.

★ 간단한 외국어를 습득해두어라. 좀 더 임대가 유리해진다.

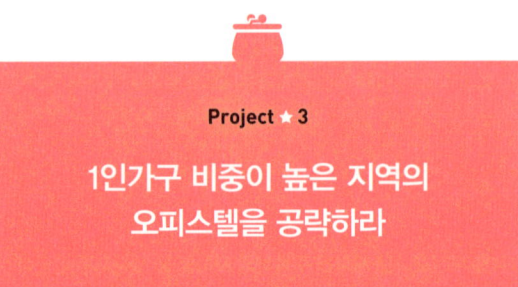

1인가구 비중이 높은 지역의
오피스텔을 공략하라

오피스텔이 임대수익 유망상품 가운데 하나로 자리매김된 지 오래다. 그런데 그런 오피스텔의 아성이 흔들리고 있다. 과잉공급의 여파로 임대수익률이 하락함에 따라 매매가격 역시 약세를 면치 못하고 있기 때문이다. 이런 점에서 볼 때 안정적인 임대수익을 창출하기 위한 투자대상으로 오피스텔이 과연 타당할까 하는 의문이 생기는 건 당연하다. 실제로 국토교통부의 건축허가 통계자료에 따르면 2011년 상반기 이후 2013년까지 오피스텔의 공급물량은 상당하다. 2011년에는 건축허가 면적이 87만 9,000㎡ 수준이었는데 2012년에는 252만 4,801㎡로 폭발적으로 증가하였으며 2013년에도 2011년에 비해 크게 증가한 153만 9,121㎡인 것으로 나타났다.

[표 4-1] 오피스텔 건축허가 현황

(단위: 동, ㎡)

시도	2013년 상반기			2012년 상반기			2011년 상반기	
	동수	연면적	호수	동수	연면적	호수	동수	연면적
전국	766	1,539,121.9	20,466	871	2,524,801	33,375	305	879,000
수도권	265	637,137.2	9,297	284	1,119,472	13,261	128	608,000
지방	501	901,984.7	11,169	587	1,405,329	20,114	177	272,000
서울특별시	85	191,688.4	3,220	131	372,007	6,036	64	156,000
부산광역시	300	245,520.0	3,109	353	337,271	6,237	89	160,000
대구광역시	21	108,306.5	1,238	28	337,355	4,100	16	7,000
인천광역시	45	59,912.6	777	37	69,220	776	20	223,000
광주광역시	6	3,449.2	127	33	140,729	2,503	4	5,000
대전광역시	4	52,448.3	988	11	36,595	578	9	8,000
울산광역시	35	29,515.7	394	21	16,462	90	4	11,000
세종특별시	4	1,426.1	27	–	–	–	–	–
경기도	135	385,536.2	5,300	116	678,245	6,449	44	229,000
강원도	2	3,811.5	16	1	342	145	3	7,000
충청북도	24	36,010.1	421	28	117,694	1,616	5	7,000
충청남도	18	127,793.5	2,024	24	128,158	2,295	4	6,000
전라북도	9	21,552.5	243	7	73,062	140	1	1,000
전라남도	14	136,238.4	756	13	59,887	930	5	4,000
경상북도	31	22,244.2	310	24	31,168	398	16	16,000
경상남도	24	84,057.3	1,281	35	88,292	925	19	26,000
제주특별자치도	9	29,611.4	235	9	38,313	157	2	14,000

자료: 국토교통부

　　국토교통부의 통계자료를 보면 수도권에서는 서울과 경기도의 오피스텔 공급물량이 큰 폭으로 증가했으며 지방에서는 부산, 대구, 광주, 대전, 충북, 충남, 전북, 전남, 경남, 제주특별자치도의 증가폭이 두드러졌다. 이 같은 결과는 거의 모든 광역자치단체에서 오피스텔 공급물량이 큰 폭으로 증가했다는 것을 의미하는데 단기간에 공급물량이 큰 폭으로 증가하면 필연적으로 가격이 하락할 수밖에 없다. 이는 불변의 경제법칙이다. 그러므로 임대가격이나 매매가격이 하락하는 것은 지극히 당연한 수순이다.

돈이 되는 지역을 알아보는 안목을 키워라

그렇다면 과연 오피스텔은 이제 어떤 운명과 맞닥뜨리게 될까? 임대수익률 하락과 매매가격 하락 여파에도 불구하고 신규 수요가 꾸준히 유입되어 투자 유망상품으로서의 지위를 유지할 수 있을까? 아니면 임대수익률이 하락하고 매매가격의 하락에 대한 우려가 커지면서 매물이 쏟아져 장기하락의 길을 걷게 될까? 답은 의외로 간단하다. 주택이나 여타 수익성 부동산과 마찬가지로 지역과 입지에 따라 양극화 현상이 나타날 것이기 때문이다. 이는 곧 가격조정 이후 오피스텔 수요가 꾸준한 지역과 그렇지 않은 지역 사이에 양극화 현상이 본격화될 것이라는 뜻이다. 서울시를 예로 들어보자.

2010년 「인구주택총조사」에 따른 서울시 전체 1인가구 규모는 85만 4,606가구인데, 이 가운데 오피스텔의 주 수요계층인 2, 30대 연령을 살펴보면 20대(20~29세)는 21만 9,229가구였고, 30대(30~39세)는 21만 3,731가구이다. 서울시 전체 1인가구의 절반(50.66%) 이상이 2, 30대 연령에 속한다는 의미이다. 이를 지역별로 좀 더 세분해서 살펴보면 오피스텔 수요가 상대적으로 풍부한 지역을 찾아낼 수 있다. 이에 따르면 2, 30대이면서 1인가구가 가장 많이

[표 4-2] 서울시 구별 2, 30대 1인가구 분포현황

(단위: 가구, %)

지역	전체 1인가구	20대(비중)	30대(비중)	비중
서울시	854,606	219,229(25.65%)	213,731(25%)	-
종로구	18,156	5,194	3,542	서울 20/30연령대의 2.12%
중구	13,909	2,728	2,667	서울 20/30연령대의 1.25%
용산구	25,846	5,534	6,968	서울 20/30연령대의 2.89%
성동구	27,041	6,756	6,332	서울 20/30연령대의 3.02%
광진구	**36,411**	**12,097**	**9,587**	**서울 20/30연령대의 5.01%**
동대문구	36,897	12,048	7,156	서울 20/30연령대의 4.44%
중랑구	33,324	4,972	7,122	서울 20/30연령대의 2.79%
성북구	38,652	11,744	7,435	서울 20/30연령대의 4.43%
강북구	26,054	3,702	5,155	서울 20/30연령대의 2.05%
도봉구	21,233	2,668	4,176	서울 20/30연령대의 1.58%
노원구	34,290	4,792	6,615	서울 20/30연령대의 2.63%
은평구	29,795	4,142	6,823	서울 20/30연령대의 2.53%
서대문구	29,943	9,590	6,074	서울 20/30연령대의 3.62%
마포구	**41,109**	**12,750**	**11,866**	**서울 20/30연령대의 5.69%**
양천구	25,218	3,519	5,802	서울 20/30연령대의 2.15%
강서구	41,804	7,383	10,802	서울 20/30연령대의 4.2%
구로구	30,156	6,013	8,081	서울 20/30연령대의 3.26%
금천구	23,274	4,459	5,472	서울 20/30연령대의 2.29%
영등포구	34,158	7,013	8,862	서울 20/30연령대의 3.67%
동작구	**40,256**	**15,426**	**9,498**	**서울 20/30연령대의 5.76%**
관악구	**84,423**	**36,312**	**23,788**	**서울 20/30연령대의 13.88%**
서초구	29,188	7,400	9,114	서울 20/30연령대의 3.81%
강남구	**59,528**	**18,543**	**19,963**	**서울 20/30연령대의 8.89%**
송파구	42,222	8,837	12,764	서울 20/30연령대의 4.99%
강동구	31,719	5,607	8,067	서울 20/30연령대의 3.16%

자료 : 통계청

분포하고 있는 지역은 관악구, 강남구, 동작구, 마포구, 광진구, 송파구, 동대문구, 성북구, 강서구 등의 순서인데, 특히 관악구는 서울시내 여타 구에 비해 1인가구 비율이 압도적으로 높다. 강남구 역시 관악구에는 미치지 못하지만 여타 구에 비해 높은 수위를 보이고 있다. 이와 같은 2, 30대 1인가구의 분포현황은 공급물량이 특정 구에서 폭증하지 않고 안정적으로 유지되는 한 서울시에서 관악구, 강남구, 동작구, 마포구, 광진구, 송파구, 동대문구, 성북구, 강서구 등은 오피스텔 투자유망지역임을 보여준다. 이에 비해 중구, 도봉구, 종로구, 양천구 등에 입지하거나 입지하게 될 오피스텔이라면 신중한 접근이 필요하다.

김박사의 투자가이드

★ 가격조정 이후 구입시점을 선택하라.
★ 공급물량이 1인가구 규모에 비해 과도한 지역은 피하라.
★ 1인가구 비중이 높은 지역을 우선적으로 고려하라.
★ 1인가구 비중이 낮은 우량 주거지역이라면 신중한 접근이 필요하다.

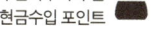

Project ★ 4

경쟁력을 확보한
원룸텔·고시텔로 승부하라

고시원, 고시텔, 원룸텔 등은 이름은 달라도 본질적인 속성은 모두
엇비슷한 측면이 강한 준주택이다. 그래서 이 모두를 묶어서 보통
고시원이라고 통칭하곤 한다. 고시원은 원룸이나 오피스텔, 소형 아
파트에 비해 확실히 독특한 특징이 있어서 나름의 경쟁력을 확보하
고 있다. 가장 큰 경쟁력은 역시 저렴한 임대료이다. 또한 대부분 양
호한 입지조건을 갖추고 있다는 점도 들 수 있다. 가장 먼저 임대료
측면에서 볼 때 오피스텔이나 도시형생활주택은 물론 원룸에 비해
확실한 경쟁우위를 확보하고 있다. 또한 대부분 임대료에 각종 공과
금이 모두 포함되어 있기 때문에 임대료 이외의 주거비용까지 절감
된다는 장점도 있다.

다음으로 입지적인 측면도 무시할 수 없는 경쟁력이다. 대부분의 고시원들은 교통접근성이 용이한 지역에 입지하고 있다. 주거비용 자체에 부담을 느끼는 사람들일수록 일자리에 대한 의존성이 높기 때문이다. 저렴한 임대료 외에 양호한 입지가 더해지면서 주머니 사정이 여의치 않은 사람들에게 고시원은 점차 큰 인기를 얻었고 이는 고시원을 통해 임대수익을 창출하고자 하는 사람들이 늘어나는 원인이 되었다. 그런데 이처럼 고시원이 증가하면서 임대료 하락과 매매가격 하락현상이 발생하기 시작했다. 이에 더해 원룸이나 오피스텔에 비해 다소 저렴한 형태의 도시형생활주택의 공급까지 급증하면서 임대수익 창출 측면에서 오피스텔이나 여타 준주택들과 마찬가지로 힘든 시기를 지나고 있는 상황이다.

국토교통부가 발표한 2013년 상반기 기준 건축허가면적 자료에 따르면 2011년 이후 2013년까지 고시원의 건축허가면적은 꾸준히 감소하였다. 그러나 2011년 전국적으로 780동 39만 9,000㎡가 공급된 데 이어 2012년에는 619동 21만 5,020㎡, 2013년에는 336동 14만 6,243㎡가 공급되는 등 양적인 측면에서 볼 때 이미 엄청난 물량이 공급되었음을 확인할 수 있다. 또한, 지방에 비해 수도권에 고시원 건축허가 물량이 집중되어 있음을 확인할 수 있는데 이는 지방에 비해 수도권에서 임대료 하락 및 매매가격 하락의 충격파를 더 크게 겪을 것이라는 예상을 가능케 한다.

고시원은 당분간 초과공급에 따른 과도한 경쟁의 여파로 임대수익 하락현상을 경험하게 될 것이다. 물론 매매가격 역시 약세를 면치 못할 것이 분명하다. 그렇다면 장기적인 관점에서는 어떨까?

[표 4-3] **고시원 건축허가현황**

(단위: 호, ㎡)

시도	2013년 상반기		2012년 상반기		2011년 상반기	
	동수	연면적	동수	연면적	동수	호수
전국	336	146,243.5	619	215,020	780	399,000
수도권	241	105,644.3	438	149,172	600	305,000
지방	95	40,599.2	181	65,848	180	94,000
서울특별시	121	48,743.7	241	78,879	248	101,000
부산광역시	7	2,109.4	10	4,282	19	7,000
대구광역시	14	3,532.0	11	2,542	14	8,000
인천광역시	25	10,122.6	46	18,724	31	13,000
광주광역시	1	181.7	8	1,632	8	3,000
대전광역시	11	7,335.4	12	5,599	32	25,000
울산광역시	9	3,352.9	17	5,884	4	1,000
세종특별시	0	0.0	–	–	–	–
경기도	95	46,778.0	151	51,569	321	191,000
강원도	0	0.0	1	89	–	–
충청북도	11	7,092.0	10	6,294	20	14,000
충청남도	9	4,114.2	32	12,863	30	16,000
전라북도	12	4,428.5	8	2,975	12	6,000
전라남도	3	1,210.8	9	2,575	6	3,000
경상북도	1	487.6	13	4,711	19	5,000
경상남도	17	6,754.7	50	16,303	16	6,000
제주특별 자치도	0	0.0	–	–	–	–

자료: 국토교통부

여전히 초과공급 문제로 수익률과 매매가격 약세의 덫에 빠져 허우적거릴까? 아마도 그렇지 않을 것이다. 경쟁을 이기지 못한 고시원은 순차적으로 퇴출될 것이기 때문이다. 실제로 경쟁력을 상실한 고시원들이 서둘러 다른 용도로 전환되는 모습은 어렵지 않게 찾아볼 수 있다. 그러면 다시 일정 수준 이상 임대료가 상승할 것이고 매매 가격의 상승까지 기대해볼 수 있다.

단언컨대 고시원 자체가 더 이상 안정적인 임대수익을 창출할 수 없는 부동산은 아니다. 다만, 어떤 지역에 어떤 형태로 고시원을 공급하느냐에 따라 안정적인 임대수익을 창출할 수 있느냐 그렇지 않느냐가 결정될 뿐이다. 고시원 역시 오피스텔과 마찬가지로 1인 가구가 밀집되어 있는 지역이 유망하다는 뜻이다. 그렇다면 고시원을 통해 임대수익을 창출하려면 어느 정도의 자금을 투입해야 할까?

발품과 손품을 팔아야 월세 부자가 될 수 있다

우선 건물이 필요한데 이 비용은 건물을 직접 구입해서 고시원으로 사용할 것인지 아니면 임대를 얻을지에 따라 차이가 나고, 지역에 따라 또 차이가 나기 때문에 일률적으로 기준을 제시하기 어렵다. 그러므로 개략적인 고시원 시설비용을 파악한 후 발품을 팔아 원하는 지역의 임대료 수준이나 매매시세를 파악해야 보다 손쉽게 총 투자비용을 산출할 수 있다. 고시원을 신설 형태로 개업하는 데 소요되는 비용은 시공업체에 따라 다소 차이가 있고, 시설 수준을 상·중·하 중 어디에 맞추느냐에 따라 편차가 발생하기 마련이지만 중간 수준이라고 가정하면 3.3㎡를 기준으로 보통 180만 원~200만 원이 소요된다. 동일한 입지라면 시설 수준에 따라 임대료 편차가 제법 크기 때문에 투자 대비 효과 측면에서 시설 수준을 결정하는 것이 좋다.

만일 신설 개업이 아니라 기존의 고시원을 구입하는 경우라면 보통은 신설 개업에 비해 구입가격이 크게 절감된다. 즉, 신규로 고시원 시설을 하는 경우에 비해 투자비용이 크게 감소되어 초기 투자비용을 줄일 수 있는 것이다. 그러나 다른 한편으로 시설 노후화 등 여러 가지 이유로 안정적인 임대수익을 창출하기 어려워서 어쩔 수 없이 매물로 나온 경우도 많기 때문에 철저히 검증작업을 거쳐야 한다.

고시원을 통한 안정적인 임대수익 확보의 핵심은 입지와 임대료 수준인데 임대료 수준 역시 입지에 따라 결정된다. 이는 곧 입지가 가장 중요하다는 의미이다. 그러므로 고시원 용도의 부동산을 구입하거나 임대하고자 한다면 철저하게 자족기능, 대학가 인근, 대중교통 편리성이 확보된 곳으로 한정해야 한다. 고시원의 주 이용계층이 오피스텔이나 원룸, 도시형생활주택에 비해 저렴한 임대료 수준에서 직주근접성 혹은 생활의 편리성을 갖춘 거주공간을 찾고자 하는 1인가구이기 때문이다. 이런 측면에서 볼 때 서울의 관악구, 강남구, 동작구, 마포구 등은 물론 수도권과 지방 대도시 가운데 1인가구의 비중이 높으면서 2, 30대 연령층의 거주비율이 높고, 대학가 주변이거나 교통이 편리한 곳, 직주근접성이 확보된 곳이라면 고시원을 통해 안정적 임대수익을 올릴 수 있을 것으로 예상된다.

김박사의 투자가이드

★ 철저하게 1인가구가 주 수요계층이다.

★ 2, 30대 1인가구의 거주비중이 높으면서 직주근접성, 대학가 인근, 대중교통의 편리성이 돋보이는 곳을 주목하라.

★ 오피스텔이나 원룸, 도시형생활주택이 있는 곳이라고 무조건 회피할 필요는 없다. 주 이용계층에 차이가 있는 만큼 의외로 윈윈하는 경우도 많다.

★ 신규로 고시원 시설을 할 것인지 아니면 기존 고시원을 인수할 것인지에 따라 투자비용이 크게 차이 나는 만큼 이를 적절히 고려하여 결정하라.

★ 투자비용은 건물 구입비용(혹은 임대비용)과 시설비용으로 구성되며 이 중 리스크가 높은 비용은 회수불가능한 비용인 시설비용이다.

★ 고시원에 대한 법적 규제가 갈수록 까다로워지고 있다는 점을 감안해 투자에 앞서 반드시 건축설계사무소의 자문을 받아라.

Project ★ 5

소규모 도시형생활주택을
착한 가격에 구매하라

도시형생활주택은 오피스텔, 고시원, 노인복지주택과 함께 준주택에 속한다. 아직까지 크게 보편화되지 않은 노인복지주택을 제외하면 도시형생활주택은 오피스텔, 고시원과 함께 임대수익의 삼총사라고 볼 수 있다. 주택법에서 도시형생활주택을 준주택으로 규정한이유는 주거 다양성 측면에서 그만큼 필요성을 인정받았기 때문인데, 도시형생활주택으로 임대수익을 창출하고자 한다면 우선 그에대한 개념을 파악해야 한다.

주택법 시행령은 도시형생활주택을 크게 세 가지로 구분한다. 단지형 연립주택, 단지형 다세대주택, 원룸형 주택 등이 그것이다. 각각의 내용을 살펴보면 단지형 연립주택은 주택으로 쓰는 한 개 동의 바닥 면적(두 개 이상의 동을 지하주차장으로 연결하는 경우에는 각각의 동으로 본다) 합계가 660㎡를 초과하고, 층수가 4층 이하인 주택을 말한다. 다음으로 단지형 다세대주택은 주택으로 쓰는 한 개 동의 바닥 면적 합계가 660㎡ 이하이고, 층수가 4층 이하인 주택(두 개 이상의 동을 지하주차장으로 연결하는 경우에는 각각의 동으로 본다)을 지칭한다. 마지막으로 원룸형 주택은 다음의 네 가지 조건을 모두 충족하는 주택을 말한다.

도시형생활주택 중 원룸형 주택의 요건

① 세대별로 독립된 주거가 가능하도록 욕실, 부엌을 설치할 것.
② 욕실 및 보일러실을 제외한 부분을 하나의 공간으로 구성할 것. 다만, 주거전용 면적이 30㎡ 이상인 경우 두 개의 공간으로 구성할 수 있다.
③ 세대별 주거전용 면적은 14㎡ 이상 50㎡ 이하일 것.
④ 각 세대는 지하층에 설치하지 아니할 것.

위 정의에 따르면 도시형생활 중에서도 원룸형의 공급이 주를 이루고 있다. 원룸형이 다른 유형에 비해 최근 주택시장에서 불고 있는 소규모 가구, 즉 1인가구 또는 2인가구에 보다 최적화되어 있기 때문이다. 이는 원룸형 도시형생활주택의 세대별 주거전용 면적이 14~50㎡ 이하로 규정되어 있지만 실제로는 30㎡ 이하로 공급되는 경우가 대부분이라는 사실을 통해서도 확인할 수 있다.

다음 [표 4-4]는 국토교통부가 발표한 2012년 주택건설동향

자료이다. 이를 보면 단지형 도시형생활주택에 비해 원룸형이 얼마
나 많이 공급되었는지를 보다 분명하게 확인할 수 있다.

[표 4-4] 유형별 도시형생활주택 공급현황

(단위: 호, %)

구분	2012년				2011년			
	계	원룸형	단지형	원룸형(%)	계	원룸형	단지형	원룸형(%)
전국	123,949	102,554	21,395	82.74	83,859	72,361	11,498	86.29
수도권	74,476	60,912	13,564	81.79	49,066	41,276	7,790	84.12
서울	34,103	27,059	7,044	79.34	22,256	18,355	3,901	82.47
인천	3,718	2,471	1,247	66.46	6,080	4,116	1,964	67.70
경기	36,655	31,382	5,273	85.61	20,730	18,805	1,925	90.71
지방	49,473	41,642	7,831	84.17	34,793	31,085	3,708	89.34

자료: 국토교통부

2011년에 비해 2012년에는 원룸형의 공급비율이 소폭 감소한
반면 단지형의 공급비율은 반대로 소폭 증가하였다. 이렇듯 도시형
생활주택이 원룸형 일변도에서 조금씩 탈피하는 모습을 보이고는
있지만 여전히 전체 공급물량에서 원룸형이 차지하는 비중이 높다.
공급 측면에서 나타나고 있는 위와 같은 특징에 더해 전체 도시형생
활주택의 공급물량이 2009년 이후 폭발적으로 증가해왔다는 점을
감안할 때 당분간 원룸형 도시형생활주택은 가격 측면에서 적지 않
은 고난의 시기를 경험하게 될 가능성이 높다.

한편, 지역적인 측면에서 볼 때 2009년~2012년에 걸쳐 공급물
량이 큰 폭으로 증가한 수도권은 요주의 지역이다. 뿐만 아니라 단
기간에 공급물량이 집중된 충남, 광주, 부산 역시 가격 측면에서 적
지 않은 문제가 발생할 수 있다. 따라서 이들 지역에 입지하고 있는

[표 4-5] **도시형생활주택 공급현황**

(단위: 호)

	2009년	2010년	2011년	2012년
전국	1,688	20,529	83,859	123,949
수도권	1,313	11,978	49,066	74,476
서울	838	6,633	22,256	34,103
부산	121	3,727	14,659	14,313
대구	0	292	1,142	1,808
인천	184	2,218	6,080	3,718
광주	0	0	2,282	5,406
대전	108	1,907	2,790	2,344
울산	0	14	2,057	1,815
세종	0	0	0	1,267
경기	291	3,127	20,730	36,655
강원	0	90	312	634
충북	37	128	2,201	2,106
충남	0	476	945	6,659
전북	0	32	1,242	2,682
전남	0	141	390	3,234
경북	0	284	410	1,857
경남	109	436	1,146	1,368
제주	0	1,024	5,217	3,980

자료: 국토교통부

원룸형 도시형생활주택을 구입하여 임대수익을 창출할 계획이라면 매우 신중한 접근이 필요하다.

철저하게 분석하고 신중하게 결정하라

그렇다면 임대수익 측면에서 도시형생활주택을 어떻게 보아야 할까? 이 질문에 대한 해결의 단초는 인구구조의 변화에서 찾을 수 있다. 즉 도시형생활주택의 공급이 원룸형에 집중된 원인은 1인가구나 2인가구가 증가하는 인구구조의 변화 때문인데 이러한 소규모 가구의 증가현상 트렌드는 일시적인 현상에 그치지 않고 우리 사회에 고착화되어 꾸준히 지속될 것이다. 이런 상황에서 투자대상으로서 도시형생활수택에 어떻게 접근하는 것이 합리적일까? 아마도 지금 당장은 원룸형 도시형생활주택이 공급과잉에 따른 가격하락 문제에 직면하고 있지만 조정기간을 거친다면 일정 수준 이상 안정적인 임대수익을 기대할 수 있을 것이다.

안정적인 임대수익을 꿈꾸는 대부분의 여성은 도시형생활주택을 직접 건축하는 것보다 이미 건축된 도시형생활주택을 분양받거나 기존 주택을 구입하는 것을 선호한다. 투자자금 문제도 있고 여러 가지 복잡한 건축과정을 거치는 번거로움을 경험하지 않아도 되기 때문이다. 따라서 도시형생활주택의 선택기준은 오피스텔이나 고시원과 마찬가지로 매우 명확하다. 구입을 희망하는 도시형생활주택의 입지와 건물 자체의 경쟁력, 그리고 최근의 공급동향과 수요인구의 규모가 그것이다. 이에 대한 분석이 어느 정도 진행되었다면 그다음은 발품과 손품을 팔아 최종적으로 구입대상을 확정하면 된다. 다만, 구입시점을 서두를 필요는 없다. 가격조정이 충분히 진행된 이후에 구입해도 늦지 않기 때문이다. 수도권을 기준으로 2014년 이후 부동산 시장이 서서히 회복 조짐을 보일 때까지 기다려볼 필요가 있다. 양호한 매물을 찾는 것도 중요하지만 착한 가격에 구입하는 것 역시 안정적인 임대수익 창출에 있어 매우 중요한 요소이기 때문이다.

김박사의 투자가이드

★ 도시형생활주택의 선택기준은 입지, 건물 자체의 경쟁력, 그리고 공급동향과 수요인구의 규모이다.

★ 경쟁상대인 것처럼 보이지만 시너지 효과를 기대할 수 있는 오피스텔 등이 입지하고 있는 지역이 임대수익 창출에 유리하다.

★ 충분한 경쟁력이 있는 중고 도시형생활주택을 찾아라.

★ 가격조정 국면을 지난 이후를 노려 구입하는 것이 좋다.

★ 지역에 따라 적정 구입시기는 서로 다르다.

Project ★6

죽은 근린상가로도 수익을 올리는
내공을 쌓아라

요즘 근린상가들이 울상이다. 임대료가 깎이는 것은 둘째 치고 임차인을 구하지 못해서 몇 개월씩 공실로 남아 있는 상가도 부지기수이다. 경기침체 여파로 잘나가던 1층 상가들조차 임차인을 찾는 데 애를 먹고 있고, 2층이나 그 밖의 층은 더 큰 어려움을 겪고 있다. 하지만 이러한 상황을 길어진 경기침체 탓으로만 돌리기에는 뭔가 석연치 않은 구석이 있다. 건물 주가 신속하게 임대료를 크게 낮추어 내놓았는데도 여전히 공실로 남아 있다면, 가격에 상관없이 임대 자체가 어려운 경우에 해당되기 때문이다.

　이런 상황에 직면하면 대부분의 건물 주는 다만 얼마라도 좋으니 그저 임차인만 빨리 구했으면 하는 마음이 앞서게 된다. 또한 이런 상황이 몇 해 반복되면 손해를 감수하고서라도 어서 처분을 하려고 조바심을 낸다. 안정적인 임대수익을 창출하려는 욕심만 가득했지 정작 준비는 전혀 안 된 사람들일수록 더욱 그렇다.

언뜻 보면 안정적인 임대수익의 창출은 정말 쉬워 보인다. 그냥 목 좋은 상권에 입지하고 있는 상가를 구입하거나 양호한 주거환경을 갖춘 지역의 집을 구입해 임대를 하면 누구나 임대수익을 올릴 수 있으리라고 생각하기 때문이다. 그러나 좀 더 자세히 살펴보면 안정적인 임대수익을 올리려면 부단한 준비와 노력이 필요하다는 것을 알 수 있다. 특히, 근린상가로 임대수익을 창출하고자 한다면 적어도 상권에 대한 이해는 필수이다.

객관적으로 좋은 상권이란 통상 유동인구가 많고 역세권이나 버스정류장 앞, 주변에 흡인력 있는 시설이 많은 곳을 의미한다. 당연히 그 반대인 경우는 좋지 않은 상권이다. 그런데 상권이란 고정적이지 않다. 세월의 흐름에 따라 빠르게 혹은 천천히 변화한다. 상권 외부적 요인에 의해서 상권 전체가 변화하기도 하고, 상권을 구성하고 있는 개별 건물(근린상가 등등)의 내부적 요인에 의해서도 변화한다. 외부적 요인으로는 인근에 대규모 아파트 단지가 입주한다든지 신규로 지하철 역사가 들어선다든지 대기업 본사가 이전해 오는 것 등을 대표적 예로 들 수 있다. 또한 개별 건물의 내부적 요인으로는 근린상가 내에 상권의 파워를 증가시키는 상점이 입점하는 것을 예로 들 수 있다.

[그림 4-9]는 수도권에 소재하는 상권 초입의 건물이다. 우선 이 지역에 대해 간략히 설명하자면 지하철 역사와 가깝고 상업지역

[그림 4-9] **인천광역시 소재 상권 초입부 전경**

자료: 네이버

이며 유동인구가 많아서 어느 정도 좋은 상권이라는 평가를 받고 있다. 그림에 보이는 편의점, 이동통신사 대리점, 대형 맥주집, 학원만 봐도 괜찮은 상권으로 판단할 수 있을 것이다. 그런데 의외로 초입에 입지하고 있는 건물 가운에 한 건물은 몇 년씩이나 공실이 많은 건물로 유명하다. 왜 그럴까? 임대료가 비싸서? 그렇지 않다. 싸게 내놓아도 들어올 임차인을 구하지 못하고 있다.

가장 큰 원인은 상권 외부가 아닌 내부에서 찾을 수 있다. 이 건물이 처음부터 공실로 넘쳐나던 것은 아니었다. 실제로 한때는 지역에 입소문이 날 정도로 다양한 점포가 입점해 활기를 띤 적도 있었다. 그런데 어떤 이유 때문인지 몰라도 입점했던 점포들이 하나둘씩 떠나고 빈자리를 새로운 임차인으로 채우지 못해 오랜 기간 공실로 남아 있다시피 하면서 문제가 생기기 시작했다. 그리고 이 문제를 신속하게 처리하지 못해 공실이 남아도는 건물이 된 것이다. 이에 따라 남은 점포들의 매출도 크게 감소했고 임대료도 지속적으로 하락하였다. 임대수익은커녕 세금만 내고 있으니 건물 주의 속이 얼마나 쓰렸을지 짐작이 간다.

그런데 이 건물에 긍정적인 변화가 일기 시작했다. 대규모 고시원이 들어선 이후였다. 고시원이 들어선 후 공실 일부가 새로운 임차인을 구한 것은 물론 건물 내 점포의 매출도 상승곡선을 보이기 시작했다. 아직까지는 개별 건물 차원에서의 상권변화 현상이 본격화되었다고 보기에는 무리가 있지만 일단 의미 있는 변화가 시작되었다는 것만은 확실하다. 비교적 규모가 큰 고시원의 입점이 건물 내부의 상권 변화를 이끌고 있는 것이다.

저조한 실적을 올리는 근린상가를 찾아라

이와 같은 경우는 근린상가에 관심을 갖고 있는 투자자들에게 두 가지 점에서 시사하는 바가 크다. 첫 번째는 자칫 잘못하면 누구든 오랜 기간 공실이 넘쳐나는 건물의 점포를 소유하면서 속을 끓일 수 있다는 점이고 두 번째는 전체 상권은 살아 있지만 개별 건물의 상권이 죽은 경우라면 내부적 변화만으로도 회복이 가능하다는 점이다. 다른 말로 하면 상권 전체가 죽어 있다면 절대 눈길도 주지 말아야 한다는 뜻이다. 상권 내에 존재하는 하나의 건물, 그리고 그 안의 점포 하나가 전체 상권을 다 활성화시키기란 사실상 불가능에 가깝기 때문이다.

따라서 근린상가를 통해 임대수익을 창출하기를 원한다면 죽은 상권이 아니라 살아 있는 상권 안에 자리 잡고 있음에도 불구하고 성적이 영 신통치 않은 개별 건물이나 점포를 선택해야 한다. 그러고 나서 그 안에 입지하면 좋을 것으로 예상되는 업종을 적극적으로

유치해 가치상승을 유도해야 한다. 다소 까다롭고 쉽지 않은 과정이
지만 이 과정을 성공적으로 진행하면 점차 임대수익 상승현상이 나
타나는 것은 물론 시세차익까지 기대할 수 있다. 그러기 위해서는
상권이나 건물 가치를 증대시키기 위한 방법을 알아야 하기 때문에
초보 투자자들이 아닌 어느 정도 부동산 재테크에 지식과 경험을 확
보하고 있는 투자자들만 관심을 갖는 것이 좋다. 그렇다고 너무 겁
부터 먹을 필요는 없다. 노력과 준비가 필요한 만큼 기대할 수 있는
열매도 크기 마련이니 말이다.

김박사의 투자가이드 : 죽은 상가 활용법

★ 상권 자체가 죽은 경우라면 쳐다보지도 말아라.

★ 활성화되지 않은 근린상가라면 주변 환경과 조화를 이룰 수 있는 용도를 탐색하라.

★ 자족기능이나 대중교통 접근성이 확보된 곳이면 금상첨화다.

★ 과도한 투자비용이 소요되는 곳은 일단 피하라.

★ 필요한 경우라면 대출도 적극 모색하라.

★ 유행에 민감하지 않은 용도로의 활용 가능성을 분석하라.

★ 규모의 경제가 필요한 경우라면 꼭 1층이 아니더라도 넓은 면적이 좋을 수 있다.

Project ★ 7

연립·다세대주택에 소액을 투자해
월세소득을 올려라

대한민국 주택시장이 그야말로 빙하기를 경험하고 있다. 가격을 낮춰도 거래가 이뤄지지 않는 경우가 비일비재하다. 집값이 떨어질지도 모르는데 손실을 감수하고 집을 살 사람이 어디 있겠는가. 그나마 아파트 시장은 상황이 조금 낫다. 환금성이 가장 높은 주택유형이기 때문이다.

반면 연립·다세대주택 시장은 그야말로 아비규환이다. 특히 수도권에 불어 닥친 재개발 광풍의 여파로 거품이 많이 낀 주택을 투기 목적으로 부담능력을 초과해서까지 대출을 받아 구입한 경우에는 더욱 그렇다. 또한 실입주금이 적다는 이유로 많은 대출을 받아 신축 연립·다세대주택으로 내 집 마련에 나선 경우도 마찬가지다.

이들에게 연립·다세대주택은 악마의 유혹이었던 것이다.

현재 연립·다세대 주택시장에서 나타나고 있는 가장 큰 문제는 매매가격 하락현상이다. 집값이 대출금액 아래로 내려간 집도 적지 않다. 이른바 깡통주택이다. 깡통주택으로 전락한 연립·다세대주택을 소유한 사람들이 하는 수 없이 대출금의 일부를 현금으로 토해내는 조건으로라도 어떻게든 처분하려고 애를 써도 팔리지 않는 경우가 다반사다. 아파트조차 집값이 떨어질까 봐 두려워 선뜻 구매하려는 사람이 없는 마당에 연립·다세대주택을 구입하려는 사람이 과연 얼마나 되겠는가. 연립·다세대주택의 소유주들은 요즘 그저 시간이 빨리 흘러가기만을 바라고 있다.

위기의 다른 이름은 기회

그런데 현재 연립·다세대주택의 소유자가 아닌 그 반대의 입장에서 보면 요즘은 엄청난 기회로 볼 수 있다. 한쪽은 답답한 시절인데 다른 한쪽에는 엄청난 기회라고? 그렇다. 이미 연립·다세대주택을 소유하고 있는 매도인과 이들이 처분하고자 하는 연립·다세대주택을 구입하려는 매수자는 정반대의 입장에 처해 있다. 부동산 경기가 침체국면일 때는 매수인이 왕이다. 이는 부동산 거래에서는 상식 중의 상식이다. 매수인이 왕인 시장 상황에서는 매매가격을 결정하는 데 매수인의 영향력이 상당하다. 다시 말해 시장이 정상적일 때나 호황일 때에 비해 월등하게 저렴한 가격으로 물건을 구입할 수 있다는 뜻이다.

실제로 부동산포털인 부동산114, KB부동산 사이트를 방문해 연립·다세대주택 매물을 검색해보면 5천만 원~1억 원 이내에 구입할 수 있는 매물이 넘쳐나고 있음을 확인할 수 있다. '입지가 떨어지니까 그렇겠지'라고 생각할 수도 있을 것 같아 미리 말하지만 안산시, 고양시, 안양시 등 서울의 위성도시와 인천광역시에 소재한 연립·다세대주택이다. 이 정도면 입지조건이 떨어져서 가격이 싸다고 말하는 건 논리적으로 어폐가 있지 않을까!

더 놀라운 사실을 한 가지 더 말하자면 심지어 인천광역시의 경우는 시청에서 차량으로 10분 정도 떨어진 곳에 있는 연립·다세대주택조차 3천~4천만 원 수준이면 충분히 구입할 수 있다는 사실이다. 전세가격으로 착각하기 쉬운데 절대 전세가격이 아니다. 대출금을 제외한 실입주금만을 말한 것도 아니다. 대출금을 포함한 총 매매가액이 이 정도 수준이다. 노파심에 한마디 더 덧붙이자면 반지하 매물도 아니고 사람이 살기 괴로울 정도로 집 상태가 나쁜 것도 아니다. 방은 두 개가 대부분이고 간혹 세 개인 매물도 접할 수 있다. 또한 경매건물도 아닌 정상적인 일반매물이다. 정말 충격적인 가격이 아닌가?

"에이, 받을 수 있는 임대료가 낮아서 그런 것은 아니고요? 그런 것 같은데요?" 가격이 워낙 저렴하니 이런 이야기를 할 수도 있다. 충분히 그런 말이 나올 법도 하다. 하지만 걱정하지 마시라. 보증금 200만 원~500만 원 수준에 월세도 적게는 20만 원에서 많게는 25만 원까지 거뜬히 받을 수 있다. 자, 이 정도라면 충분히 도전해볼 만한 가치가 있지 않을까?

인천이 아닌 안산, 고양, 안양시 역시 보증금 500~1천만 원 수준에 월세 30~40만 원 정도는 거뜬히 받을 수 있다. 확실히 소자본으로 안정적인 임대수익을 창출하기에 딱 좋은 조건이다. 그런데 구입하기 전에 반드시 명심해야 할 사항이 있다. 첫째, 가급적 오래되지 않은 연립·다세대주택을 선택해야 한다. 둘째, 나 홀로 연립·다세대주택보다 같은 연립·다세대주택은 아니더라도 서로 다른 여러 동이 함께 있어서 마치 단지 형태로 조성된 것 같은 효과를 기대할 수 있는 건물이 좋다. 셋째, 지역의 특성에 맞는 규모를 선택하되 가급적이면 경기변동의 영향을 적게 받는 소형 연립·다세대주택을 선택해야 한다. 그 외에도 아무리 소자본으로 구입한다 해도 주택을 선택할 때 반드시 고려해야 할 요소들은 충분히 점검해야 할 것이다.

위 사항에 대한 점검이 모두 끝났다면 이제 매물이 있는 지역으로 달려가서 최대한 착한 가격에 연립·다세대주택을 구입해보도록 하자. 잔금을 치르고 한 달이 지나면 통장에 월세가 입금되어 있는 것을 발견할 수 있을 것이다.

김박사의 투자가이드 : 연립·다세대주택 선택법

★ 조금이라도 최신 연립·다세대주택을 선택하라. 월세의 경우 도배나 장판 등 대부분의 수리비용을 임대인이 부담해야 하므로 오래된 연립·다세대주택은 수리비용이 많이 든다는 점을 감안하라.

★ 대중교통 여건이 일정수준 이상 확보되어 있는 연립·다세대주택만 구입대상 리스트에 포함시켜라.

★ 원칙적으로 경기변동에 민감하지 않은 소형평형만 구입대상 리스트에 포함시켜라.

★ 소형 연립·다세대주택의 주 수요계층은 대부분 신혼부부 혹은 어린 자녀를 둔 부부다. 따라서 학교인프라는 초등학교까지 살피되 영유아 시설이 주변에 있는지 꼼꼼하게 챙겨라!

★ 아무리 저렴한 연립·다세대주택이라 할지라도 가까운 곳에 생활에 방해되는 유해시설이 있다면 구입대상 리스트에서 제외하라.

★ 소형 연립·다세대주택의 주 수요계층은 중소기업 근로자나 자영업자 계층이다. 따라서 중소기업이 밀집된 공단이 있거나 상권이 일정 수준 이상 발달되어 있는 지역의 연립·다세대주택을 구입대상 리스트에 포함시켜라.

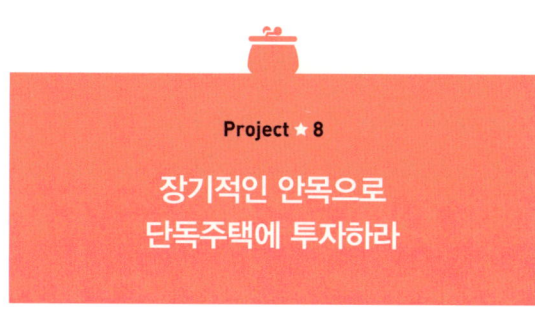

Project ★ 8

장기적인 안목으로
단독주택에 투자하라

아파트가 대한민국을 대표하는 주택으로 자리 잡으면서 단독주택은 점차 사람들의 관심 밖으로 밀려나기 시작했다. 그런데 그런 단독주택에 다시 사람들의 관심이 쏠리고 있다. 처음에는 수도권에 불어 닥친 재개발 광풍의 영향 때문이었다. 사고 나면 오르니 투자수요가 몰리는 것은 당연지사였다. 하지만 주택시장이 꽁꽁 얼어붙은 지금은 투자수요가 아니라 아파트를 벗어나 살고 싶어하는 사람들이 단독주택을 찾고 있다. 여기에 단독주택을 구입했다가 나중에 자금여유가 생기면 다가구주택이나 원룸주택으로 증축 혹은 재축하거나 리모델링함으로써 안정적인 임대수익을 창출하기를 원하는 사람들도 늘어나고 있는 추세다.

사실 단독주택은 여러모로 착한 주택이다. 아파트와 달리 별도의 관리비도 없고 한 세대니 앞에 공용이라는 글자가 붙는 비용을 지출할 필요도 없다. 나만 아끼고 절약하면 얼마든지 지출을 줄일 수 있으니 단독주택이야말로 지출을 아껴주는 착한 주택이 아닐 수 없다. 특히 은퇴해서 소득이 감소한 사람들에게는 더더욱 그러하다.

어디 이뿐인가. 단독주택은 그 특성상 일석이조를 실현할 수 있는 경우가 많다. 단층이 아닌 2층 단독주택이라면 아파트에서는 꿈도 못 꾸는 임대수익도 기대할 수 있다. 1층이나 2층 가운데 한 군데서 살면서 나머지 하나를 임대해주면 추가적인 수익이 발생하기 때문이다. 그야말로 주거와 임대수익이 한꺼번에 가능하니 꿩 먹고 알 먹는 식이다.

가격 또한 착하다. 주택시장이 잔뜩 침체되어 있기 때문에 거품 없는 합리적 가격에 구입하기에 안성맞춤이다. [그림 4-10]과 [그림 4-11]은 KB국민은행의 단독주택 매매가격지수추이를 나타낸 것이다. 전국 단독주택 매매가격지수를 보면 1992년 이후 하락세를 보이다가 2005년 말에서 2006년 사이를 기점으로 상승하는 모습을 확인할 수 있다. 한편 수도권 단독주택의 매매가격 흐름은 관련 시세가 집계되기 시작한 99년 이후 전국 평균에 비해 가파르게 상승하는 모습을 보인 이후 최근 몇 년 동안은 하향 안정세를 보였음을 확인할 수 있다. 따라서 단독주택의 매매가격지수추이를 기초로 할 때 대한민국 전체를 범위로 하든 아니면 수도권으로 그 범위를 좁히든 단독주택 가격에 거품이 끼어 있다고 보기에는 무리가 있다.

단독주택은 시간이 흐름에 따라 수요가 점차 증가할 것이다. 아

[그림 4-10] **전국 단독주택 매매가격지수**   [그림 4-11] **수도권 단독주택 매매가격지수**

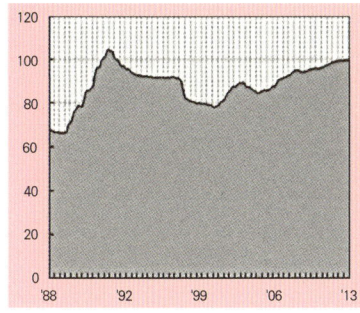 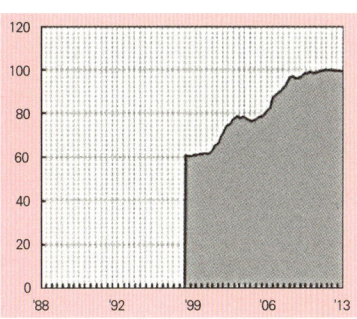

자료: KB국민은행

파트 일변도의 주거문화가 조금씩 바뀌고 있는 데다가 평균수명의 증가로 주택의 목적이 단순히 거주라는 한 가지에서 벗어나 소득창출도 중요하게 고려되는 분위기가 형성되고 있기 때문이다.

자, 이제 단독주택도 임대수익을 창출하기 위한 좋은 투자대상이 될 수 있음을 확인했다. 물론 임대수익을 기대하려면 2층 이상이 되어야 하겠지만 말이다. 언급하진 않았지만 단층 독립주택 역시 매력적인 구입대상이다. 당장 입주해서 살아야 하는 경우가 아니라면 얼마든지 임대수익을 창출할 수 있다. 실제로 필자 주변에도 자신은 조그만 오피스텔에 살면서 규모가 크지 않은 단독주택을 구입한 후 임대를 놓아 매월 통장에 입금된 월세를 보며 기분 좋은 하루하루를 살고 있는 사람도 있다. 물론 투자 목적이 아니라 단층 단독주택에 거주하면서 텃밭에서 채소도 기르고 애완견도 기르면서 아파트에 살 때와는 또 다른 느긋한 삶을 즐기는 사람도 있다.

하지만 단층 주택을 구입할 때는 적어도 두 가지 목적 정도는 가져야 할 것이다. 첫째, 당장 거주할 목적이거나 임대수익을 창출하겠다는 목표가 있어야 하고 둘째는, 여유자금이 확보된 이후에는 원룸이나 다가구주택, 혹은 리모델링을 통해 2층 이상의 주택으로 전환할 수 있어야 한다는 점이다. 그래야만 비로소 안정적인 소득을 창출할 수 있다.

김박사의 투자가이드 : 단독주택 선택법

★ 대지 면적이 충분해야 한다.

★ 반드시 도로(적어도 4m 이상의 도로에 2m 이상은 접해야 함)에 접해 있어야 한다.

★ 당장의 임대수익 창출이 목적인지 아니면 실거주가 목적인지를 명확하게 하라.

★ 단독주택은 의외로 수리비가 많이 든다. 구입에 앞서 집 구석구석을 꼼꼼하게 살펴라.

★ 주변 환경과 잘 어울리는 단독주택을 선택하라.

★ 임대수익 창출이 목적이라면 인테리어나 내부시설을 세심하게 살펴본 후 구입하는 것이 바람직하다.

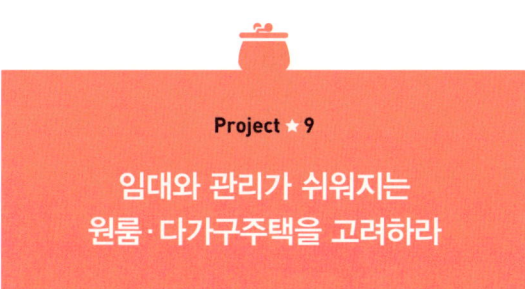

Project ★ 9

임대와 관리가 쉬워지는
원룸·다가구주택을 고려하라

은퇴를 앞두고 있는 연령의 여성이나 일정 수준 이상의 여유자금을 확보한 여성이라면 원룸이나 다가구주택을 적극적으로 고려해볼 만하다. 그동안 원룸이나 다가구주택은 상대적으로 나이 든 사람들이 구입해 임대수익을 내는 투자대상으로 인식되어 왔다. 실제로 주변을 살펴보면 임대수익을 창출하고 있는 원룸주택이나 다가구주택의 소유주 중 젊은 층을 찾기가 여간 어려운 것이 아니다.

그동안 시세차익을 주목적으로 하는 투자환경 아래서 가장 확실한 투자처가 아파트였다는 점, 아파트는 개별 호수별로 소유와 임대를 할 수 있어 관리가 편한 반면 원룸·다가구주택은 시세차익이 아파트에 미치지 못하고 여러 명의 임차인을 상대해야 하기 때문에 관리에 어려움이 있었다는 점이 가장 큰 원인이다.

그러나 이제 상황이 역전되었다. 더 이상 아파트로 과거와 같은 시세차익을 기대하기 어렵기 때문에 시세차익에 대한 관심은 크게 줄어든 반면, 임대수익에 대한 관심은 갈수록 고조되고 있기 때문이다. 임대수익을 중요하게 고려하는 트렌드는 앞으로도 더욱 확산될 것이 분명하다. 하지만 임대수익을 꿈꾸는 젊은 계층, 그중에서도 여성들이 원룸이나 다가구주택으로 임대수익을 창출하려면 먼저 '원룸이나 다가구주택은 관리가 어렵다'는 고정관념부터 허물어야 한다.

그동안 원룸주택이나 다가구주택은 관리하기 어려운 면이 있었던 것이 사실이다. 그러나 이제 점차 그러한 문제들로부터 해방될 것으로 보인다. 정부가 4·1대책에서 '기업형 주택임대관리업'을 적극 활성화하겠다는 의중을 밝혔기 때문이다. 다음은 '기업형 주택임대관리업'에 대한 언론 보도내용 중 일부이다.

기업형 주택임대관리업 이르면 올 12월 시작

집 주인에게 일정 비용 받고 세입자 구하고 월세도 받아줘
주택 관리·보수까지 책임져
임대관리업 활성화될 땐 임대주택 공급도 늘어날 듯

이르면 올 12월 국내 임대시장에서 '기업형 주택임대관리' 시장이 새로 열린다. 기업형 주택임대관리업은 1가구 다주택자 중 본

인 집을 제외한 나머지 주택의 임대관리를 대행해주는 신규 부동
산관리업이다. 더 쉽게 말하면 집 주인 역할을 전문 업체가 대행
하는 구조. 세입자를 구해와 월세도 받아주고 주택 유지·보수도
맡는다. 기업은 집 주인에게 일정액의 수수료, 임대료 일부를 받
아 수익을 올린다. 그간 임대시장에서 집 주인이 세입자와 주택
을 직접 관리하며 임대료를 받는 일반적인 형태가 바뀌는 계기
가 마련된 셈이다. 정부가 4·1 부동산 대책을 통해 사업 추진방
향을 밝혔다. 관련 법안도 이미 국회에 올라가 있어, 6월 국회에
서 법이 통과되면 12월부터 시행할 계획이다. 기업들도 이 사업
에 뛰어들 채비를 하고 있어 향후 임대시장의 큰 틀이 달라질 것
이라는 전망도 나온다. (중략) 임대관리 시장이 성숙한 일본의 경
우 전체 4,959만 가구 중 1,000만 가구 이상이 전문기관의 임대관
리를 받고 있다. 작년 기준 기업 2,200여 개가 설립돼 있고, 직원
들이 25만 5천 명가량 된다. 국내에서도 기업들의 임대관리 시장
진출이 활발해지고 있다. KT의 자회사인 KT에스테이트가 일본
나이와리빙과 힘께 KD리빙을 설립해 이 시장 진출을 선언했다.
우리관리㈜와 일본 레오팔레스21도 합작회사를 만들어 사업계
획을 짜고 있다. 부동산 개발업체인 ㈜신영도 새 법인을 만들었
다. 서울 강남구 강남보금자리지구에서 분양 중인 오피스텔에
서 계약자들을 상대로 임대관리도 받을 수 있다는 점을 강조할
계획이다.

자료 : 〈조선일보〉 2013. 5. 3

위 기사 내용과 같이 주택임대관리를 전문적으로 하는 기업이 증가하고 이에 따라 원룸·다가구주택 등 여러 명의 임차인을 관리하는 번거로움이 해소될 경우 원룸주택이나 다가구주택은 안전하고 확실하게 임대수익을 창출할 수 있는 투자대상으로 보다 확실히 자리매김할 가능성이 매우 높다. 그러므로 이와 같은 트렌드가 보편화되기 전에 가능한 범위 내에서 적극적으로 원룸주택이나 다가구주택을 매입하는 전략도 바람직하다고 할 수 있다.

김박사의 투자가이드 : 원룸·다가구주택 선택법

★ 1인가구 외에 2인가구도 함께 임대할 수 있는 원룸·다가구주택을 노려라.

★ 자족기능과의 접근성을 최우선적으로 고려하라.

★ 대중교통의 편리성은 결코 간과하지 말아라.

★ 가급적 리모델링 등 추가적인 투자비용이 덜 소요되는 원룸·다가구주택을 노려라.

★ 시세차익에 흔들리지 말고 임대수익만을 주목하라.

★ 인근에 원룸·다가구주택이 밀집되어 있다고 해서 피하지 말고 그 지역을 대표하는 원룸·다가구주택이라면 적극적으로 매입하라.

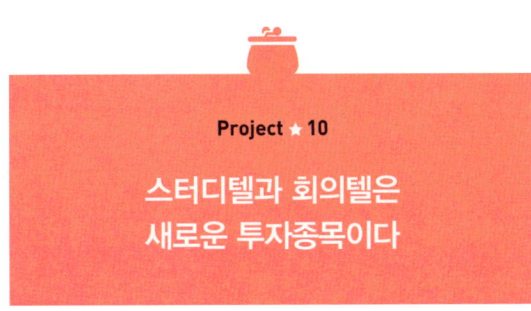

Project ★ 10

스터디텔과 회의텔은
새로운 투자종목이다

학령인구의 감소에 따라 머지않아 도심 내 주요 빌딩이나 건물 등에 자리 잡고 있는 교육 관련 시설은 하나둘씩 사라지는 운명을 맞이할 것으로 보인다. 그럼에도 불구하고 아직까지 대다수의 투자자들은 학령인구 감소와 그에 따른 도심 내 주요 빌딩이나 건물들에 자리 잡고 있는 교육 관련 시설의 퇴장이 가져올 부정적 파급효과를 제대로 인식하지 못하고 있는 듯하다. 그도 그럴 법 한 것이 보통 도심 내에서 나름 경쟁력을 확보하고 있는 주요 빌딩이나 건물은 기존의 임차인이 나가기 무섭게 새로운 임차인을 구할 수 있기 때문에 아직까지 그 심각성을 피부로 실감하기 어려운 측면이 있는 것이 사실이다.

하지만 이는 어디까지나 학령인구 감소현상이 본격화되기 전까지의 일이다. 앞서 살펴본 바 있는 통계청의 학령인구 변동 추계 자료에 따르면 오는 2020년 학령인구는 680만 5천 명이 될 것으로 예측되고 있다. 2010년 대비 무려 187만 2천 명이 감소한 수치다. 교육이 집값이나 각종 부동산 가격에 상당한 영향을 미치고 있는 현실을 감안할 때 학령인구의 감소가 몰고 올 충격파는 결코 약하지 않을 것이다.

학령인구 감소현상은 그중에서도 특히 1층 등 저층부를 제외한 도심 내 주요 빌딩이나 건물의 고층부에 보다 큰 충격을 가할 것으로 예상된다. 왜냐하면 현재 도심 내 주요 빌딩이나 건물의 고층부는 학령인구를 대상으로 한 교육시설의 점유비중이 상당히 높기 때문이다. 이런 상황에서 학령인구 감소현상이 본격화되면 과거처럼 공실이 생기는 즉시 비슷하거나 유사한 교육 관련 용도로 재임대하기란 사실상 불가능해질 것이다. 이에 따라 그동안 엄청난 임대수익을 기반으로 높게 형성된 도심 내 주요 빌딩이나 건물의 매매가격 역시 큰 폭으로 하락할 것이다. 특히 빌딩 전체 혹은 상가건물 전체를 한 명 혹은 소수의 투자자들이 공유하는 경우에 비해 다수의 소유자들이 소유하는 구분건물에서 이와 같은 현상이 심화될 것으로 보인다.

그렇지만 마땅한 투자처를 찾지 못한 여성들에게 이는 기회로 작용할 수도 있다. 구분 소유권을 시세 대비 헐값에 구입할 수 있기 때문이다. 물론 도심 내 빌딩이나 건물의 고층부라고 해서 무조건 매입해도 되는 유망한 투자대상이라고 생각해서는 곤란하다. 지하철역과의 접근성, 유동인구의 정도, 학교 혹은 업무밀집 지역의 존재 여부, 자족기능과의 연계성 등을 확보하고 있는 빌딩이나 건물의 고층부로 투자대상을 좁혀야 한다. 위와 같은 요건을 충족하는 빌딩이나 건물이어야만 비로소 학령인구 감소가 초래할 부정적 파급효과를 극복할 수 있는 새로운 트렌드를 접목할 수 있기 때문이다.

그렇다면 새로운 트렌드란 과연 무엇일까? 그 해답의 단초는 토즈(www.toz.co.kr)에서 찾을 수 있다. 다음 [그림 4-12]는 토즈의 비즈니스 유형을 보여주고 있다.

[그림 4-12] **토즈의 비즈니스 모델**

• 토즈 스터디센터

• 토즈 비즈니스센터

• 토즈 스마트카페

자료: 토즈(www.toz.co.kr)

토즈의 특징은 다양한 용도의 온오프라인 모임은 물론 오피스 관련 공간까지 제공한다는 데에 있다. 물론 과거 토즈와 비슷한 서비스를 제공하던 공간이 없었던 것은 아니다. 가령, 토즈 스터디센터는 개념적으로는 독서실과 일맥상통하는 부분이 있다. 그러나 독서실이 단순히 학생들이 공부만 하는 공간이었다면 토즈 비즈니스 센터는 연령과 관계없이 개인적 학습은 물론 소규모 스터디 모임까지 가능한 물적 시설과 다양한 서비스를 제공한다는 차이가 있다.

토즈의 비즈니스 모델이 과거에는 존재하지 않던 전혀 새로운 것이라고 보기에는 무리가 있다. 그보다는 오히려 기존의 것에 시대의 변화가 요구하는 추가적인 기능을 더한 것이라고 보는 것이 정확하다. 하지만 '지하철역과의 접근성, 유동인구의 정도, 학교 혹은 업무밀집 지역의 존재 여부, 자족기능과의 연계성 등을 확보하고 있는 빌딩이나 건물의 고층부'를 아주 저렴하게 구입하여 토즈와 같은 공간으로 활용하는 것도 좋은 선택이 될 수 있을 것이다.

혹여 토즈 비즈니스 모델 이외에 아직 보편화되지 않은 새로운 비즈니스 모델을 찾고자 한다면 인구의 고령화 추세에서 그 단초를 찾을 수 있을 것이다. 예를 들어 고령인구 세대를 위한 카페, 놀이방, 실내운동시설 등을 들 수 있는데 이러한 비즈니스 아이템은 지금 당장이 아니라 시간이 좀 더 흐른 몇 년 후에 본격적으로 빛을 볼 수 있는 아이템이므로 천천히, 그러나 적극적으로 타당성을 검토해볼 필요가 있다.

김박사의 투자가이드 : 스터디텔·회의텔을 위한 고층 상가 선택법

★ 고층 상가들이 밀집된 곳을 노려라.

★ 현재 학령인구를 위한 시설로 활용되고 있는 고층 건물이 많은 곳을 주목하라.

★ 지하철역과의 접근성을 중요하게 고려하라.

★ 유동인구가 많은 곳이 금상첨화이다.

★ 학교 밀집지역을 주목하라.

★ 업무시설 밀집지역을 특히 주목하라.

Q 외국인에게 임대할 때 주의할 점이 있을까요?

A 외국인을 대상으로 주택을 임대할 때 염두에 두어야 할 사항으로는 네 가지를 꼽을 수 있습니다.

첫째, 열린 자세를 가져야 합니다. 보통 외국인들은 계약 당시부터 거주 및 이사를 할 때까지 높은 임대료를 지불하는 만큼 다양한 요구를 하곤 합니다. 이때 국내 임차인을 대하듯 귀찮아하거나 대충 얼버무리는 식으로 대응해서는 곤란합니다. 비싼 임대료를 지불하고 있는 만큼, 합리적인 수준의 요구사항이라면 적극적으로 수용하는 자세가 무엇보다 필요합니다.

둘째, 풀옵션 주택이 임대에 유리합니다. 보통 국내 주택을 임대하는 외국인들은 가구나 가전제품 등 살림살이 대부분을 자신의 나라에 남겨놓고 꼭 필요한 일부만 가지고 국내에 들어옵니다. 따라서 가전제품이나 가구가 모두 완비되어 있는 풀옵션 주택을 선호하기 마련입니다. 외국인을 대상으로 효과적으로 임대 사업을 하고자 한다면 임대할 주택에 살림살이를 완비해두는 것이 바람직합니다.

셋째, 질 높은 실내 인테리어가 필요합니다. 생각해보세요. 비싼 임대료를 지불하고 임대한 주택의 실내 인테리어가 싸구려 분위기를 낸다면 누가 좋아하겠습니까. 물론 적당한 수준의 실내 인테리어를 했다고 해서 외국인에게 임대 자체를 할 수 없다는 뜻은 아닙니다. 다만 더 고급스러운 분위기가 나는 주택에 비해 임대가 늦어질 것이라는 의미지요. 임대가 되지 않고 공실로 남아 있다면 그 자체가 큰 손실이기 때문에 이왕이면 고급스러운 분위기를 내는 실내 인테리어에 신경을 쓰는 것이 바람직합니다.

넷째, 계약의 중도해지 가능성을 고려해야 합니다. 좀 더 이해하기 쉽게 우리나라 사람이 해외에서 집을 임차했다고 생각해보십시오. 2년을 계약했는데 예상치 않게 우리나라로 발령이 난 경우 어떻게 해야 할까요? 당연히 부랴부랴 남은 임대차계약을 해지하고 귀국해야 할 것입니다. 외국인들 역시 마찬가지죠. 그들의 사정에 따라 계약 중간에라도 언제든 귀국해야 하는 상황이 발생할 수 있습니다. 외국인들을 대상으로 임대차계약을 할 경우 위와 같은 사정이 발생할 때를 대비해 사전에 계약서에 해당 내용을 반영하는데, 이때 이미 선지불한 임대료는 반환해주는 경우가 대부분입니다. 따라서 선불로 받은 임대료는 언제든 돌려줄 준비를 해두고 있어야 낭패를 면할 수 있습니다.

Q 임대수익 물건은 최대 몇 개까지 관리하는 게 유리할까요?

A 대한민국 부동산 시장은 오랜 기간 침체국면에 빠져 있는 상태입니다. 당연히 상당 폭의 가격하락 현상도 발생했지요. 여기서 더 부동산 가격이 하락한다면 경제 전반에 부정적인 영향을 미칠 것입니다. 정부가 부동산 시장의 정상화에 심혈을 기울이는 이유도 바로 이 때문입니다. 그런데 부동산 시장은 과열국면에는 비교적 정부의 과열방지 대책이 잘 먹히곤 하지만 침체국면에서는 정부의 부양책이 큰 효과를 거두지 못합니다. 침체국면일수록

미래 부동산 가격에 대한 불안심리가 극심하기 때문입니다. 그래서 국민들이 부동산을 구입하고 싶다고 생각할 수 있도록 다양한 혜택들을 내놓는데, 지금이 바로 그런 시점입니다. 예를 들어 주택을 구입한 후 일정 기간 이상 임대를 하다가 처분하는 경우 양도소득세가 크게 줄어듭니다. 뿐만 아니라 취득 및 보유에 따르는 세제상 혜택도 상당합니다. 사설이 길었군요.

임대수익 창출을 위한 부동산을 몇 개까지 관리하는 것이 유리하다는 기준은 없습니다. 자신이 관리할 수 있는 최대 수준까지 가급적 많은 임대수익을 창출하는 것이 가장 바람직합니다. 임대소득을 정확하게 신고하고 제반 비용을 꼼꼼하게 처리한다면 일부에서 우려하는 것처럼 어느 날 갑자기 세금폭탄을 맞을 일은 결코 없을 것입니다. 소득이 있는 곳에는 분명 세금이 있기 마련이지만 소득이 없는 곳에는 결코 세금이 있을 수 없다는 점만 명심하세요. 그러면 세금 문제는 전혀 걱정할 필요가 없습니다.

5부

여자가 행복해지는
8가지 투자 트렌드

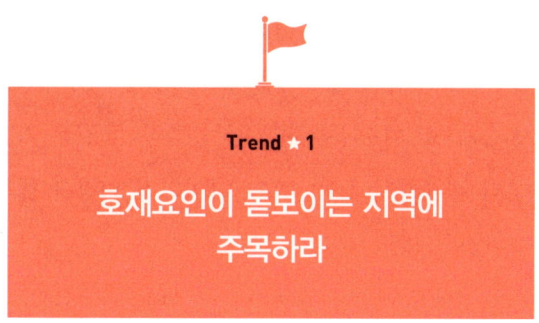

Trend ★ 1

호재요인이 돋보이는 지역에
주목하라

호재요인이 돋보이는 지역에 주목하는 투자패턴은 가장 보편화된 부동산 투자방식 중 하나이다. 요즘은 지역이 아닌 개별 투자대상에 초점을 맞추는 경향이 두드러지고 있지만, 확실한 투자 이유를 찾을 수 있는 지역은 여전히 매력적인 투자처이다.

5겹 호재가 돋보이는 평택시

다음과 같은 엄청난 호재요인들이 겹친 곳은 어디일까? 첫째, 삼성전자가 395만㎡의 면적에 무려 100조 원 이상을 투자하여 차세대 반도체 생산라인은 물론 태양전지 의료기기와 같은 신수종 사업을 하기로 하고 한창 조성공사가 진행 중인 곳. 둘째, LG전자가 약 277만㎡ 규모로 디지털파크를 조성하고 있는 곳. 셋째, KTX역사가 신규 개통 예정인 곳. 넷째, 미군기지 이전에 따른 대형 호재가 기대되는 곳. 다섯째, 국제계획도시가 조성될 예정인 곳.

누가 봐도 엄청난 호재요인이 몰려 있다는 사실을 알 수 있다.

도대체 이런 대형 호재요인이 있는 지역은 어디일까? 그렇다, 바로 평택시다. 그래서 그런지 몰라도 2012년 평택시 아파트 매매가격(KB국민은행 통계자료 기준)은 4.46% 상승하였다. 같은 기간 경기도 전체의 아파트 매매가격이 -3.3%로 마이너스 성장을 했다는 점을 감안하면 상당한 강세를 보인 것이다.

그렇다면 평택시의 투자 포인트는 무엇일까? 아마도 삼성전자 및 LG전자로 대표되는 자족기능 강화, KTX역사 입지에 따른 파급효과, 고덕국제신도시 조성에 따른 기대효과, 미군기지 이전에 따른 호재 등일 것이다. 그런데 평택시에 집중되어 있는 호재요인들을 조금 더 자세히 들여다보면 한 가지 중요한 포인트를 발견할 수 있다. 바로 평택시 호재의 상당 부분이 고덕국제신도시와 밀접하게 연결되어 있다는 점이다.

가장 먼저 395만m^2 규모로 조성 될 삼성전자의 차세대 반도체 생산라인과 신수종 사업 생산시설은 고덕산업단지 내(평택시 고덕면 지제동, 장당동 일대)에 자리 잡을 예정이고 가칭 KTX 신평택역(지제역)은 고덕국제신도시에서 약 4Km 정도 떨어진 곳에서 공사가 한창 진행 중이다. 뿐만 아니라 동북아 최대 규모를 자랑하는 미군기지 역시 직선거리로 대략 8Km 정도 떨어져 있는 팽성읍 일원에 입지할 예정이다. 이 밖에 LG디지털파크가 조성되는 진위지방산업단지는 고덕국제신도시에서 직선거리로 약 10Km 거리 내에 자리 잡고 있다.

위와 같은 특징을 고려할 때 평택시 투자전략은 크게 두 단계로 구분해 접근할 수 있다. 첫 번째 단계는 고덕국제신도시를 하나의

축으로 설정한 후 각각의 호재요인의 직접 영향권에 속할 것으로 예
상되는 지역을 연결하여 투자유망축을 설정하는 것이다. 이를 통해
큰 틀에서 어떤 지역에 주목하는 것이 바람직한지, 혹은 어떤 지역
에 조금 더 우선순위를 두고 투자를 고려해야 하는지 그 해답을 구
할 수 있을 것이다. 두 번째 단계는 고덕국제신도시와 투자유망지역
을 연결하는 투자유망축 내에서 좀 더 구체적으로 투자유망지역을
세분하는 단계이다.

[그림 5-1] **고덕국제신도시 주변 호재현황**

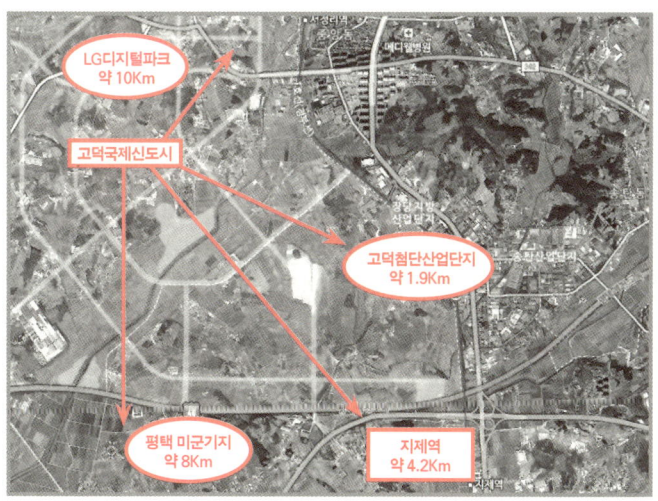

자료: 네이버 지도

[그림 5-1]은 고덕국제신도시를 중심축으로 하는 투자유망축
을 보여준다. 이 가운데 미군기지 이전부지 주변처럼 투자규모가 크
거나 고덕국제신도시처럼 투자가능 시점까지 아직 시간적 여유가
있는 지역을 제외하고 현실적으로 여성들이 투자할 수 있는 자금규

모를 감안한 투자유망지역은 고덕국제신도시와 바로 접해 있어 향후 동반 가치상승을 기대할 수 있는 서정리역 주변을 첫손에 꼽을 수 있다. 이 지역은 송탄주공4단지, 이충현대아파트, 제일하이빌 1·2단지, 장당 우미이노스빌 1~3차, 5차 등 아파트 중심의 주거지역이면서 서정리초등학교, 장당초등학교, 장당중학교, 효명고등학교 등이 입지하고 있어 일정 수준 이상의 교육인프라도 갖추고 있다는 장점이 돋보인다.

[그림 5-2] **서정리역 주변 현황**

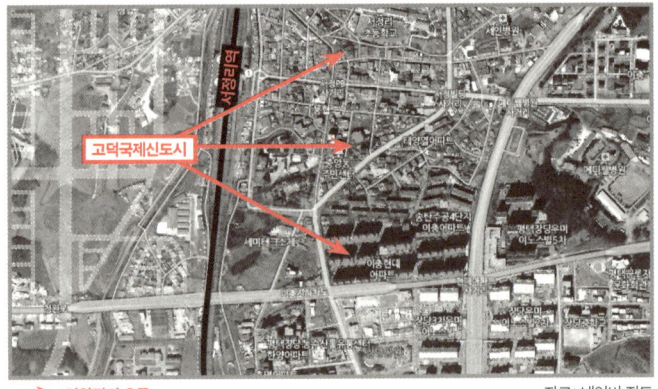

→ 영향권의 흐름   자료: 네이버 지도

그러나 무엇보다도 이 지역에 주목해야 하는 가장 큰 이유는 미래 부동산 시장의 가격을 형성하는 데 막강한 영향을 미칠 자족기능이 뛰어나다는 점 때문이다. 실제로 서정리역 주변에는 현재 장당지방산업단지, 칠괴지방산업단지 등 다수의 산업단지가 입지해 있어 자족기능이 양호하다. 그런데 이에 그치지 않고 향후 삼성전자까지 고덕첨단국제산업단지에 입지할 예정이다. 이는 고덕첨단국제산업

단지가 본격 가동될 경우 서정리역 주변이 엄청난 자족기능 강화에 따른 직접적 수혜를 입을 것이라는 뜻이다.

대한민국 부동산 시장에서 삼성이 갖는 의미는 상당하다. 이는 삼성전자 부지가 입지한 모든 지역에서 공통적으로 부동산 가격이 상승했다는 사실만 보아도 알 수 있다. 따라서 고덕국제첨단산업단지까지 더해질 경우 서정리역 주변지역은 상당한 미래가치가 예상되는 블루칩으로 떠오를 것이다.

다음으로 소사벌택지 개발지구와 비전동, 통복동, 신평동, 세교동 등 구도심지역 역시 투자유망지역이다. 평택 도시기본계획에 따르면 남평택 지역의 소사벌택지 개발지구를 신재생 에너지 시범단지로 건설하여 신 중심지로 육성하는 한편, 기존 시가지는 재개발사업, 도시환경정비사업, 주거환경정비사업 등을 통한 리모델링을 실시하여 상업·업무·교육 중심지로 육성하고, 평택역과 지제역세권을 특성 있게 개발하여 지역경제 활성화를 도모하겠다는 청사진을

[그림 5-3] **소사벌택지 개발예정지구 주변**

자료: 네이버 지도

제시한 바 있다. 소사벌택지 개발지구는 약 303만m^2의 부지 위에 총 1만 6,395가구를 수용하는 대규모 주거단지이면서 KTX 지제역의 배후 주거지역이라는 장점이 돋보이는 만큼 투자유망지역으로 손색이 없다. 또한, 소사벌택지 개발지구 인근의 비전2동, 비전1동, 그리고 KTX 지제역과 평택역으로의 접근성이 양호한 원평동, 신평동, 통복동, 세교동 역시 향후 가치상승을 기대할 수 있어 투자유망한 지역으로 손꼽을 만하다.

행정도시의 불패신화, 세종시

대한민국 부동산 시장이 침체국면을 지나고 있는 와중에도 세종시 부동산 시장은 투자수요와 실수요가 함께 증가하면서 양호한 가격흐름을 보여왔다. 그렇기 때문에 투기적 수요가 빠지면 세종시 부동산 역시 여타 지역이 그랬던 것처럼 가치하락 현상에 직면할 가능성이 높다는 우려를 하는 사람도 적지 않다. 하지만 세종시에서 부동산 가격상승 현상이 나타난 이상 이후 조정현상이 나타난다고 해도 과도하게 걱정할 필요는 없다. 이는 부동산 시장이 순환변동하는 과정에서 나타나는 지극히 자연스러운 현상이기 때문이다.

장기적인 관점으로 본다면 충분히 일정 수준 이상의 부동산 가치상승 현상이 나타날 것이 확실하다. 적어도 행정도시는 실패한 전례가 없기 때문이다. 세종시는 주요 정부부처가 이전함에 따라 조성되는 행정도시이다. 조그만 시 청사 하나가 새로 이전하면서 급작스럽게 조성되는 행정타운이 아니라는 말이다. 일단 자족기능과 행정

[그림 5-4] 세종특별자치시 위치도

자료: 네이버 지도

및 업무 기능이 확실하다. 아직은 부족하지만 빠른 속도로 주거 및 의료, 쇼핑·상업 시설과 각종 기반시설 역시 확충될 것이다. 세종시의 미래가치를 낙관적으로 볼 수 있는 이유다.

　위와 같은 세종시의 특징을 감안할 때 가장 확실한 투자대상은 세종시 내 신규 분양물량이나 이미 분양이 완료되어 분양권 형태로 거래되고 있는 매물, 또는 준공 후 기입주한 아파트이다. 그러나 투자자 입장에서 볼 때 분양 예정물량은 세종시 첫마을 아파트에 비해 높은 분양가격이, 기입주한 아파트나 분양권은 최초 분양가격에 비해 높게 형성된 시세가 부담요인으로 작용한다. 따라서 첫마을 분양 시점에 비해 높게 형성된 분양가격이나 시세를 감안하고 아파트를 구입했을 때, 가격하락에 따른 손실이 얼마나 발생할 것인가를 판단하는 것이 중요하다. 다행히 장기적 관점에서 볼 때 풍부한 임대수요가 뒷받침될 것으로 예상되기 때문에 큰 폭의 가격하락 현상이 발생할 가능성은 많지 않다. 매입전략이 유효하다는 뜻이다.

다음으로 세종시가 자리를 잡아감에 따라 그 수혜를 받을 것으로 예상되는 지역 역시 투자유망지역이다. 세종시와 오송을 연결하는 축과 세종시와 대전을 연결하는 축이 이에 해당되는데 세종시~대전 축은 BRT노선을 따라 투자대상을 결정하는 것이 좋고, 세종시~오송 축은 KTX 오송역, 그리고 오송역에서 세종시를 연결하는 BRT노선을 따라 투자대상을 결정하는 것이 바람직하다.

[그림 5-5] **신동·둔곡도시첨단산업단지 위치도**

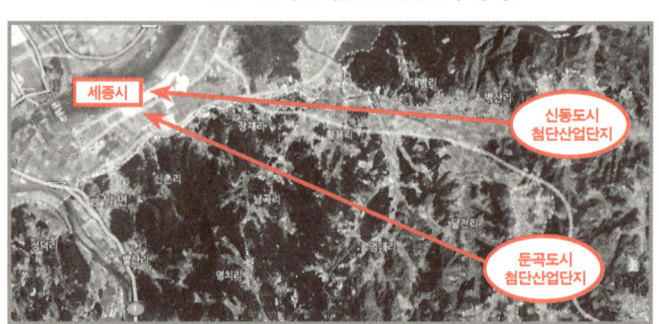

자료: 네이버 지도

마지막으로 국제과학비즈니스벨트 거점지구로 지정된 대전시 유성구 신동과 둔곡동 일원에서 세종시를 연결하는 축 역시 투자유망지역이다. 지리적으로 볼 때 신동과 둔곡동은 사실상 세종시라고 봐도 무방할 정로도 인접해 있기 때문이다. 다만 이 축은 주요 투자대상이 아파트나 상가 등이 아닌 단독주택이나 토지라는 점, 이미 호재요인이 지나가 주택 가격에 일정 수준 이상 반영되었기 때문에 단기간에 투자수익을 창출하기 어렵다는 특징이 있다는 점은 기억해두기 바란다.

Trend ★ 2

**철도 중심의
교통접근성을 고려하라**

지하철이나 광역철도는 부동산의 미래가치를 결정하는 가장 강력한 변수이다. 이는 지하철이나 광역철도의 수혜예상지역에 투자하면 실패할 가능성이 적다는 뜻이기도 하다.

신분당선 연장선

신분당선 남부연장선은 만성적인 교통난으로 고통 받고 있는 수지 일원과 광교신도시, 호매실 택지지구 등의 교통 편리성 제고에 크게 기여할 수 있을 것으로 예상되는 노선으로 2단계에 걸쳐 사업이 진행될 예정이다. 1단계는 정자에서 광교를 연결(분당선 정자역~미금~동천~수지~상현~신대~광교신도시~경기대 앞)하는 12.8Km의 구간으로 오는 2016년 2월(단, 미금역은 2017년 10월) 개통 예정이며 2단계는 광교에서 호매실을 연결(광교신도시~월드컵경기장~동수원~화서역~수원 호매실)하는 11.1Km의 구간으로 오는 2019년 개통 예정이다.

[그림 5-6] 신분당선 연장선(남부 연장) 노선도

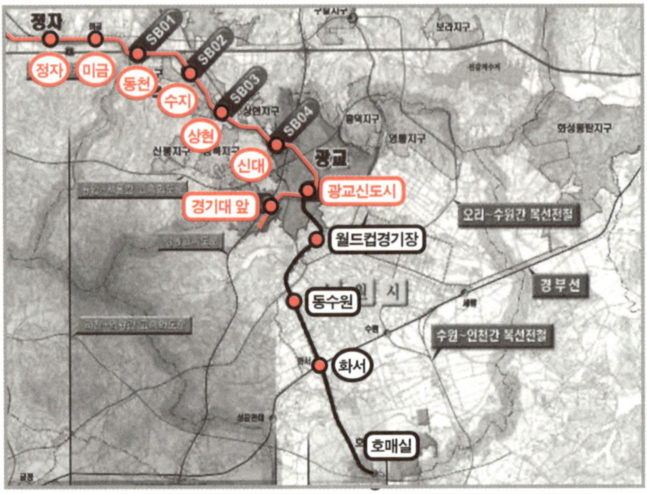

자료: 국토교통부

　　신분당선 연장에 따른 수혜예상지역은 교통난 해소가 기대되는 수지지구, 상현지구, 광교신도시 내 주요 아파트단지와 광교신도시 인접지역인 영통신도시와 수원월드컵경기장 주변지역이 될 것으로 보인다.

　　그중에서도 특히 수원월드컵경기장 주변지역인 수원농생명과학고등학교 → 경기지방경찰청 → 수원정보과학고등학교 → 원천중학교를 연결하는 지역을 주목할 필요가 있다. 신분당선 연장선인 광교역으로의 접근성을 확보하고 있는 데다 상대적으로 가격 메리트가 있어서 광교신도시가 활성화됨에 따라 직접적인 수혜를 기대할 수 있기 때문이다.

[그림 5-7] **신분당선 연장선 개통에 따른 수혜지역 분석도 : 광교신도시 주변**

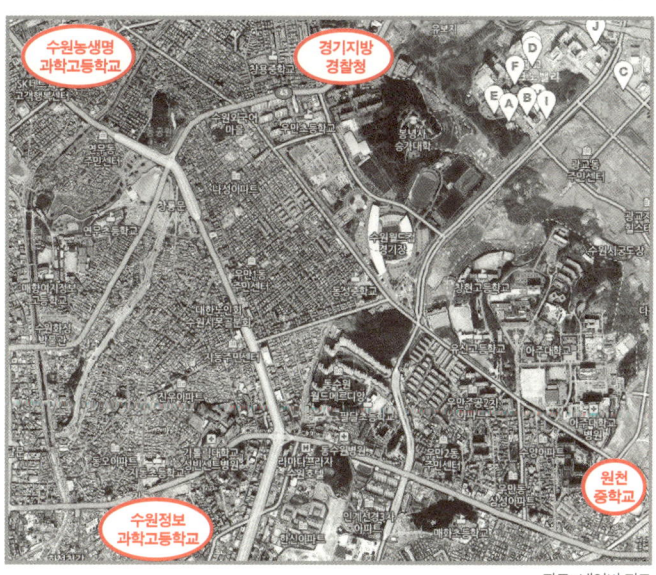

자료: 네이버 지도

수인선

수인선은 인천 송도와 수원을 연결하는 복선전철사업 노선으로 총 세 개 구간으로 나누어 건설된다. 1구간 노선은 오이도에서 송도를 연결(오이도~달월~월곶~소래포구~인천논현~호구포~남동인더스파크~원인재~연수~송도)하는 총 13.1Km 구간으로 2012년 6월 30일에 이미 개통하였고(달월역은 2014년 12월 개통 예정), 2구간 노선은 송도에서 인천을 연결(송도-학익-용현-남부-국제여객터미널-인천)하는 총 10.4Km 구간으로 2015년에 개통 예정이며, 3구간 노선은 한대 앞에서 수원을 연결(한대 앞-사리-야목-어천-봉담-고색-수원)하는 총 19.9Km 구간으로 2016년에 개통 예정이다.

[그림 5-8] **수인선 노선도**

자료: 한국철도시설공단

　수인선 개통에 따른 수혜지역은 역사 주변에 입지하고 있는 아파트, 연립·다세대주택, 오피스텔 및 상가이다. 실제로 수인선 1단계 개통 이후 직접 수혜지역인 고잔동, 논현동의 전세가격 강세현상이 두드러진 것은 물론 상가들의 임대가격 상승현상도 두드러진 바있다.

　수인선의 경우 향후 2구간 및 3구간이 개통될 경우 단연 포구가있는 소래역과 볼거리와 먹을거리가 풍부한 월곶역 주변이 수혜를받을 것으로 기대된다. 소래포구역 주변 중에서 상업용 건물과 지하철 편리성이 더욱 확장될 것으로 보이는 에코메트로, 힐스테이트 등아파트 투자가 유망하다고 할 수 있다.

　월곶역 주변은 각종 횟집 등 식당과 유흥시설이 밀집되어 있어상권이 발달되어 있다. 따라서 보다 편리한 접근성이 확보되면 상권파워가 크게 향상될 것으로 예상되는 만큼 상가를 눈여겨보는 것이바람직하며 인근의 풍림아이원 아파트 단지 역시 임대수익 창출에

[그림 5-9] **소래포구역 주변**

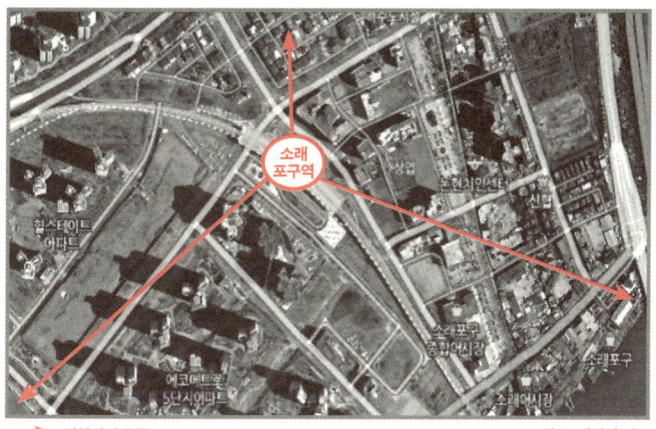

⟶ 영향권의 흐름

자료: 네이버 지도

[그림 5-10] **월곶역 주변**

⟶ 영향권의 흐름

자료: 네이버 지도

유리한 만큼 작은 면적을 대상으로 적극적인 매입전략을 고려할 만하다.

소래포구역과 월곶역 주변은 교통체증 없이 지하철을 통해 간

편하게 포구의 풍광과 볼거리, 먹을거리를 즐길 수 있다는 장점이
부각될 경우 현재보다 상권 파워가 비약적으로 커질 것이다. 관심을
갖고 꼼꼼하게 분석한 후 매입전략을 수립하면 좋은 효과를 기대할
수 있는 지역이다.

성남-여주 복선전철

성남-여주 복선전철은 판교에서 여주를 연결(판교(신분당)-이
매(분당)-삼동~광주-쌍동~곤지암~신둔~이천-부발~능서~여주)하는 총
53.8Km 노선으로 2015년 개통 예정이다. 성남-여주 복선전철은 극
심한 교통혼잡에 시달리는 3번 국도의 교통난 해소에 큰 도움이 될
것으로 예상된다. 이는 성남-여주 복선전철이 지나는 노선 주변의
부동산 가격에 긍정적인 영향을 주리라는 의미이다. 그러나 성남-여
주 복선전철을 주목해야 하는 보다 본질적인 이유는 분당선 및 신분
당선 환승을 통해 서울 도심으로 접근하기가 양호해진다는 점 때문

[그림 5-11] **성남-여주 복선전철 노선도**

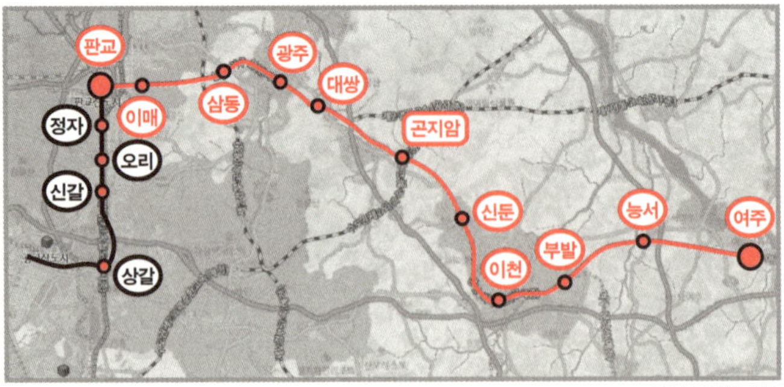

자료: 네이버 지도

이다. 금전적 부담 때문에 판교는 논외로 한다고 해도 이 노선이 지나는 광주, 이천, 여주 역세권은 관심을 가져볼 만하다.

　'성남-여주간 복선전철 사업'에 따라 광주시에는 삼동, 광주, 쌍동, 곤지암 등 네 곳에 역사가 들어선다. 이렇게 되면 광주시는 10분대에 판교, 30분대에 서울로 진입할 수 있는 도시로 탈바꿈된다.

　투자유망지역은 광주, 쌍동, 곤지암 역사 주변이다. 역세권이라는 장점에 광역교통망이 잘 갖춰진 지역이라는 공통점이 있어서 '2020광주 도시기본계획'에 따라 역세권 개발이 이루어질 예정인데 역사를 중심으로 상업시설·업무시설·고밀주거·중밀주거의 유기적인 복합용도로 개발을 도모하고 있다. 역사 전면부 주변에는 고밀도 중심상업·업무 시설, 집회시설 및 전시시설, 숙박시설, 공공서비스 시설이 유치될 예정이고, 역사 후면부에는 철도 이용을 지원하기 위한 주차장 등 교통시설과 유통시설, 고밀주거 및 중밀주거가 혼합된

[그림 5-12] **성남-여주복선전철 구간 광주시내 역사예정지**

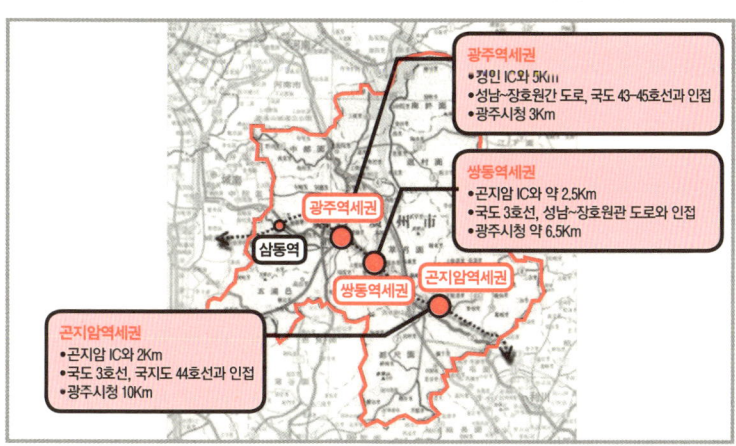

자료: 2020광주 도시기본계획

주거지역이 배치될 계획이다.

다음으로 성남–여주 복선전철 노선에 들어서는 이천시 역사들을 살펴보자. 가장 먼저 신둔역이다. 신둔역은 이천시 신둔면 수광리 유니온테크 주변에 들어선다. 신둔역 주변을 살펴보면 북쪽으로 한국제약, 효성이천2공장, 청호산업, 범미건설화학, 유니온테크, 삼홍전사, 동서산업 등 자족기능이 자리 잡고 있으며 역사 주변은 전, 답 등 농경지와 노후 다세대주택 등이 주류를 이루고 있는 상황이다. 눈여겨볼 지역으로는 신둔삼거리, 신둔사거리 및 신둔초등학교 주변 그리고 수광리 역사 인접지역이다.

다음으로 이천역이 입지하는 이천시 율현동을 주목해보자. 이천역 주변은 구릉지와 전, 답 등이 입지하고 있고 아파트와 저층의 수익성 부동산이 산발적으로 입지해 있다. 따라서 우선 주목해볼 수 있는 투자대상으로는 향후 개발압력의 수용이 예상되는 전, 답 등 토지를 꼽을 수 있고 역세권 편입에 따라 접근성 개선이 기대되는 중일 현대홈타운아파트를 들 수 있다.

마지막으로 부발역은 이천시 부발읍 아미리에 입지할 예정인데 부발역은 주변은 하이닉스, 두산인프라코어 등이 있어 자족기능이 돋보이는 곳이다. 향후 역사 입지에 따라 파급효과가 가장 클 것으로 기대되는 곳이기도 하다. 주목할 만한 투자대상으로는 역사 입지에 따라 교통접근성이 크게 개선될 것으로 예상되는 아파트 단지를 들 수 있는데 대표적으로 현대7차, 청구, 부발읍 현대성우메이저시티 1~4단지 등이 있다. 이와 함께 역세권 주변의 활성화가 예상되는 만큼 장기적으로 주변 토지와 수익성 부동산에 주목하는 것이 좋겠다.

마지막으로 여주군에는 능서역과 여주역이 입지하는데, 이에 맞춰 여주군이 역사 일대에 야심찬 개발계획을 수립한 만큼 능서역과 여주역 일대도 유망한 투자지역이다. 능서역은 여주군 능서면 신지리 376-2 일대에 입지할 예정이고, 개발되는 규모는 33만m^2이다. 능서역 역세권 개발계획의 최대 수혜지역은 능서역 주변지역인 신지 1·2·3리와 번도1리를 손꼽을 수 있는데 특히 신지2리가 눈에 띤다. 구체적인 투자종목으로는 주변의 전답과 능서초등학교 주변의 단독주택, 노후 다세대주택을 들 수 있다.

향후 연장될 가능성도 있지만 일단 여주역은 성남-여주 복선전철의 마지막 역사이다. 능서역과 마찬가지로 역세권 개발계획이 수립되어 있다. 여주역 역세권 개발계획의 최대 수혜지역으로는 주변지역인 교리일대를 손꼽을 수 있다. 구체적인 투자종목으로는 주변의 전답과 도로변에 자리 잡고 있는 저층 중심의 건물들, 그리고 역세권 아파트로 거듭날 것으로 기대되는 예일세띠앙 아파트 단지 등을 들 수 있다.

수도권 광역급행철도(GTX)

GTX는 A, B, C의 세 개 노선으로 이루어진다. A선은 킨텍스에서 동탄을 연결하는 총 73.7km(KTX 공용 구간(수서-동탄) 46.2km 포함)에 아홉 개 역, B선은 청량리에서 인천시 송도신도시를 연결하는 총 48.7km에 아홉 개 역, C선은 의정부에서 금정을 연결하는 총 45.8km에 일곱 개의 역이 입지하게 될 계획이었는데 2013년 1월에

[그림 5-13] **GTX노선 노선도**

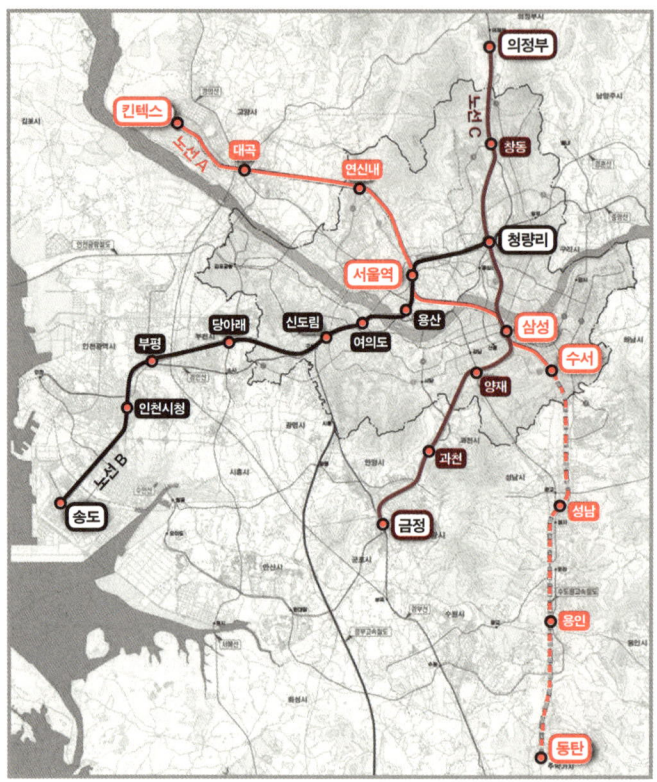

주) 노선 A : 고양킨텍스~동탄신도시(73.7Km)
노선 B : 청량리 ~인천 송도(48.7Km)
노선 C : 의정부 ~군포 금정(45.8Km)
자료 : 경기도, 국토해양부

노선변경이 제안된 바 있다.

GTX 사업은 장기사업이다. 따라서 단기적인 관점에서 접근하면 곤란하다. 아직 구체적으로 역사가 어디에 입지할지 정확하지 않은 만큼 섣부른 판단을 해서는 안 되기 때문이다. 이런 점에서 볼 때 A노선(고양킨텍스~동탄신도시)의 역사로 확정된 성남역과 용인역 주변에 관심을 갖는 것이 좋겠다. 가장 먼저 성남역(가칭)은 분당선 이

매역과 신분당선 판교역의 중간지점 정도에 입지할 것으로 추정된다. 그럴 경우 성남-여주 복선전철과의 환승이 가능해진다. GTX 성남역은 사실 소액으로 투자하기 어려운 측면이 있다. 분당과 판교신도시 아파트가 주요 수혜지역이기 때문이다. 충분한 자금 여력이 있다면 이매동 일대의 리모델링 아파트 단지를 매입하는 전략이 좋겠지만 수익성 부동산은 조금 더 시간을 가지고 지켜보는 것이 좋겠다. 기존의 분당과 판교 주변 상권이 강하게 형성되어 있기 때문이다.

다음으로 용인역은 분당선 역사인 구성역의 서쪽부에 입지할 것으로 추정된다. GTX 용인역이 자리 잡게 될 용인은 지리적으로 경기 남부권의 요충지라는 특징이 있다. 따라서 용인역 이용인구가 상당할 것이라는 점을 충분히 예측할 수 있다. 여기에 인근 구성역과의 연계효과도 클 것으로 분석된다. 따라서 주변 아파트 단지에는 큰 호재요인이 될 것이 분명하다. 역사 주변 상가들 역시 수혜를 받을 것으로 기대된다.

Trend ★ 3

부동산에 감성을 결합하라

감성은 사실 현대인의 결핍의 채워주는 마술의 퍼즐조각이라고 할 수 있다. 갈수록 바빠지고 각박해지는 현실을 감안하면 감성을 결합한 부동산은 앞으로도 매력적인 투자대상이 될 것이다.

도시와 젊은 감성의 만남, 홍대입구

홍대입구. 이곳만큼 뜨거운 곳도 드물다. 그야말로 핫플레이스다. 젊음의 거리, 인디음악의 산실로 유명했던 홍대입구는 이제 변신을 거듭해 글로벌한 거리로 거듭나고 있다. 이 같은 흐름은 홍대입구에서 여행가방을 들고 게스트하우스를 찾아가거나 유명 맛집에서 사진을 찍으며 수다를 떠는 외국인 관광객을 빈번하게 볼 수있다는 점만 봐도 확인할 수 있다. 홍대입구는 중국 관광객은 물론일본, 미국, 유럽 등 전 세계 각국의 관광객들이 대한민국을 방문하면 꼭 들러보는 대표적인 관광명소가 되었다.

[그림 5-14] 홍대입구역 주변 항공뷰

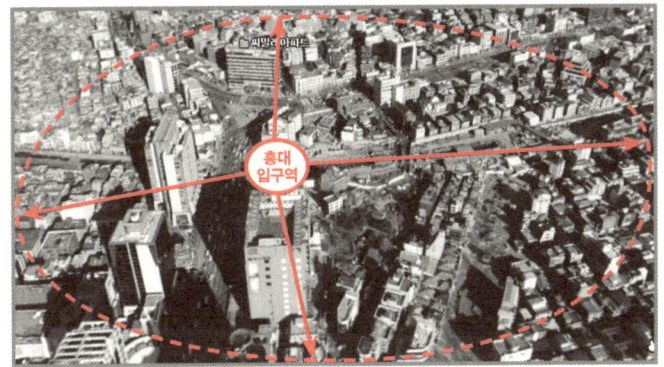

영향권   자료: 네이버

　대한민국을 대표하는 젊은 감성이 돋보이는 홍대입구, 그래서
외국인 관광객들이 앞다투어 한 번쯤 구경하고 싶어하는 홍대입구.
그렇기에 투자유망지역으로는 단연 홍대입구 주변 연립·다세대주
택, 오피스텔, 단독·다가구주택을 첫손에 꼽을 수 있다. 그렇다고
해서 홍대입구가 외국인 관광객들만을 타깃으로 하는 투자대상이
라는 의미는 결코 아니다. 젊은 직장인들이 선호하는 다세대주택이
나 원룸 및 오피스텔 등에 대한 수요가 탄탄해서 안정적인 임대수익
창출도 가능하다. 다만, 외국인 관광인구의 증가에 따라 숙박형태의
다양화라는 목적에도 부응하는 주택을 선택하면 일석이조의 효과
를 기대할 수 있다.

　홍대입구 주변지역인 동교동, 서교동, 연남동 등에서 노려볼 만
한 투자대상은 연립·다세대주택과 단독주택 및 다가구주택, 그리
고 소형 오피스텔이다. 단독주택이나 다가구주택은 리모델링을 통
해 특색 있는 게스트하우스 등으로 활용할 수 있어 좋고 연립·다세

대주택은 젊은 직장인들에게 임대를 주거나 요즘 들어 부쩍 증가하고 있는 외국인 대상 민박 등으로 활용할 경우 적지 않은 수익을 창출할 수 있어 유망하다.

도시 속의 낭만트렌드, 가로수 길

신사동 가로수 길에는 확실한 자기 색깔을 가진 매력적인 카페는 물론 개성이 돋보이는 디자인을 채택한 소품매장이나 의류매장이 가득하다. 얼핏 보면 유럽의 특색 있는 골목을 옮겨놓은 것 같은 분위기를 자랑한다. 그렇다고 가로수 길이 쇼핑객만 찾는 공간은 결코 아니다. 가로수 길은 다양한 문화공간의 성격을 띠고 있기 때문에 굳이 어떤 물건을 구매하지 않아도 그냥 둘러보는 것만으로도 감성을 충전할 수 있다. 얼마 전까지만 해도 가로수 길은 20~30대 젊은 연령층의 전유물이라고 해도 과언이 아니었다. 하지만 이제는 연령대를 초월해 젊은 문화적 감성을 갖고 있는 사람이라면 누구나 스스럼없이 어울리는 문화의 거리가 되었다.

가로수 길이 독특하고 개성 있는 문화공간으로 자리매김하면서 상권 파워도 비약적으로 커졌고 그에 따라 임대가격이나 매매가격 역시 가파르게 상승하였다. 따라서 월급쟁이나 소득이 많지 않은 자영업자가 언감생심 이 지역에 입지한 상가건물을 구입하기란 현실적으로 꿈도 꾸지 못할 일이다. 그럼에도 불구하고 가로수 길을 주목해야 하는 이유가 있다. 바로 이 지역의 특징이 점차 보편화될 것이라는 점 때문이다.

가로수 길 이외에도 삼청동 길, 최근 신흥상권으로 큰 주목을 받고 있는 이태원의 경리단 길, 가로수 길의 엄청난 임대료 수준에 부담을 느낀 투자자들이 가로수 길의 뒷길로 몰리면서 새롭게 떠오르고 있는 세로수 길 등은 가로수 길로 대표되는 도심 속의 낭만트렌드가 서서히 보편화되고 있다는 대표적 증거다.

그러므로 투자규모가 크지 않은 월급쟁이나 소규모 자영업자라면 가로수 길, 삼청동 길처럼 이미 높은 임대료와 매매가격이 형성된 지역보다 경리단 길, 세로수 길처럼 도심 속 낭만트렌드가 자리 잡을 수 있는 상권을 선점하는 전략이 바람직하다. 다행히 수도권뿐만 아니라 부산, 대구, 대전, 울산, 당진 등 지방의 주요도시에도 낭만트렌드가 형성된 지역이 자리 잡고 있는 만큼 이들 지역을 충분히 분석하고 발품을 팔면 시세차익과 임대수익이라는 두 마리 토끼를 잡을 수 있을 것이다.

전통과 감성의 결합, 북촌 한옥마을&인천 차이나타운 주변

북촌 한옥마을은 전통과 현대의 멋과 정취가 어우러져 그윽한 향기를 내뿜는 곳이다. 조선시대 말에 세워진 전통 한옥에서부터 현대의 멋을 잘 살린 현대식 한옥에 이르기까지 각 시대의 특징을 대변하는 한옥이 따뜻하면서도 강한 위용을 뿜내고 있다.

한때 북촌 한옥마을은 그저 불편한 전통 가옥들이 밀집되어 있는 곳, 그럼에도 불구하고 단지 문화적 가치 때문에 자기 마음대로 재산권을 행사하지도 못하는 불편한 동네 정도로 폄하되던 시절이

[그림 5-15] **북촌 한옥마을 전경**

자료: 북촌한옥마을(bukchon.seoul.go.kr)

있었다. 그러나 지금은 한국을 찾는 관광객들이 빼놓지 않고 둘러보는 관광 및 체험 명소로 자리 잡은 지 오래고 마을 내 한옥 소유주들은 내외국인을 막론하고 한옥체험이나 게스트하우스 등의 서비스를 제공함으로써 적잖은 수익을 올리고 있다. 시간이 만들어준 전통과 낭만적 감성이 어울려 만들어낸 긍정적인 변화이다. 향후 전통과 감성의 결합은 좀 더 많은 지역에서 보다 다양하게 나타날 것이고 이에 따라 또 다른 트렌드가 형성될 것이다.

대한민국 곳곳에는 전통이 살아 숨 쉬고 있다. 문제는 그러한 전통을 어떻게 효과적으로 감성요인과 결합시킴으로써 부동산 가치를 증진시킬 수 있느냐 하는 것이다. 그러므로 각 지역의 특색을 잘 살릴 수 있는 전통문화가 있는 지역이 어디인지, 감성과의 결합 가능성은 얼마나 되는지에 대한 철저한 분석이 필요하다. 전통과 감성의 결합이 아직 충분하지 않은 지역일수록 주변지역의 부동산 시세가 저렴하기 때문이다. 이런 점에서 볼 때 차이나타운, 그중에서도 항구도시인 인천 차이나타운 주변지역을 주목해볼 필요가 있다.

인천 차이나타운 하면 대부분의 사람들은 아마도 자장면을 가장 먼저 떠올릴 것이다. 자장면의 원조인 '공화춘'이 이곳에 있기 때문이다.

그러나 인천 차이나타운은 자장면의 원조 '공화춘'으로만 기억하기에는 아까운 전통요인이 너무나 많다. 게다가 감성과의 결합 가능성 역시 충분하다. 이는 인천문화재단이 차이나타운 바로 옆에 아트플랫폼이라는 대규모 문화공간을 마련한 것은 물론 역사적 의미가 있는 건물들을 그 특색을 살려 전시공간으로 활용하고 있다는 사실만 봐도 충분히 확인할 수 있다.

분명 인천 차이나타운은 경쟁력 있는 전통이 돋보이는 지역이다. 그럼에도 불구하고 전통과 감성의 결합은 아직 충분치 않은 수준이다. 그렇기에 이 주변의 부동산 가격은 저렴한 수준에 머물러 있다. 머지않은 시일 내에 한중 FTA가 타결되면 인천 차이나타운의 전통과 감성의 결합을 가속화하는 기폭제로 작용할 것이다. 인천 차이나타운과 그 주변지역의 부동산을 관심을 갖고 지켜보아야 할 이유이다.

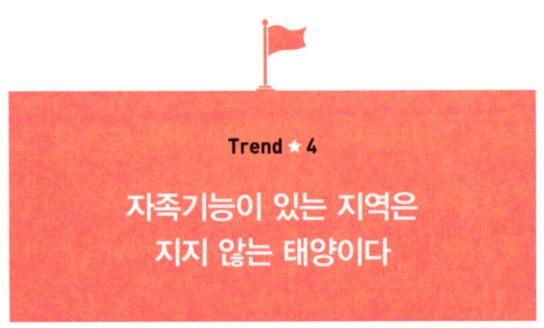

자족기능이 있는 지역은
지지 않는 태양이다

자족기능은 도시의 현재 및 미래 가치를 결정하는 가장 강력한 변수이다. 강력한
자족기능을 갖춘 지방의 강소도시에 주목한다면 성공확률을 높일 수 있을 것이다.

자타공인 충청도의 대표적인 자족기능 중심지, 당진시

당진시 하면 우선 떠오르는 것이 서해안고속도로, 서해대교, 그
리고 강력한 자족기능이다. 여기에 시흥~평택 고속도로의 개통으
로 그동안 빈번하게 정체구간을 형성하던 서해안고속도로의 소통
이 크게 개선되었다는 점 역시 머릿속에 떠오른다.

당진의 자족기능은 현대제철로 대표되는 철강산업이 핵심이다.
현대제철을 비롯해 여섯 개의 대형 철강기업이 당진에 모여 있기 때
문이다. 그러나 당진의 자족기능을 단지 제철산업에만 의존하는 외
다리 자족기능이라고 폄하해서는 곤란하다. 석문국가산업단지는 물

[그림 5-16] **당진시청 전경**

자료: 당진시

론 송산지방산업단지, 합덕지방산업단지 등 대규모 산업단지들이 입지하고 있어 그것 외에도 충분한 자족기능을 확보하고 있기 때문이다. 게다가 충남 도종합계획에 따르면 당진항은 세종시 및 충남북부권에 조성되는 황해경제자유구역의 산업지원을 위한 중심항으로 육성될 전망이다. 항만과 내륙산업단지, 현대제철로 대표되는 철강기업이 입지함으로써 국내 철강산업의 메카로 탈바꿈해나가고 있는 당진시는 충분한 투자가치가 있는 지역이다.

관심을 가져볼 지역으로는 당진시청사 주변의 아파트 단지와 상가, 그리고 당진 두시기본계획상 부도심으로 설정되어 있는 곳 가운데 하나인 송산면 일대를 손꼽을 수 있다. 당진시청 주변 아파트 단지와 상가는 부동산 경기침체의 여파로 가격거품이 대부분 해소되었다는 점에서 관심을 가져볼 만하고 송산면 일대, 특히 교통 통행량이 많은 633번 지방도가 지나는 주변지역은 현대제철 부지의 확장에 따른 직접 수혜가 예상되는 지역이라는 점에서 관심을 갖고 지켜볼 만하다.

자족기능의 강한 장점이 돋보이는, 울산&창원

울산은 우리나라 중에서도 내로라하는 대표적인 자족기능 중심 도시다. 오죽했으면 도요타자동차의 도요타시처럼 현대시라는 애칭이 통용되고 있을까. 우리나라에서 가장 지역소득이 높은 곳도 바로 울산이다. 모두 강력한 자족기능 덕분이다.

울산은 아파트 매매가격지수나 전세가격지수 모두 견고한 흐름을 보이고 있다. 비슷한 성격을 지니고 있는 창원시는 이미 아파트 매매가격이 다소 조정되는 모습을 보이고 있는 데 반해 울산시의 아파트는 여전히 보합세를 유지하고 있다. 이러한 현상의 원인 역시 보다 강력한 자족기능에서 찾을 수 있다.

[그림 5-17] **울산 아파트의 매매가격지수 및 전세가격지수 추이**

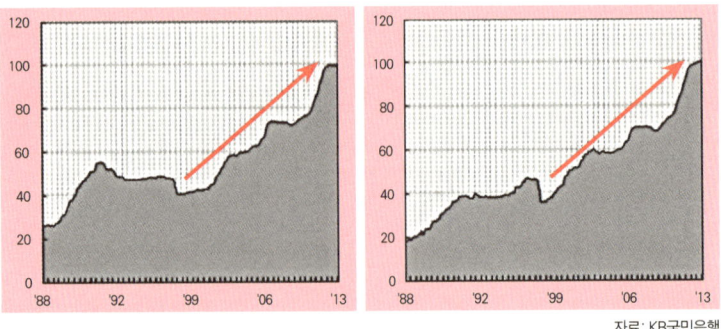

자료: KB국민은행

울산과 창원은 두 도시 모두 안정적인 자족기능을 자랑한다. 이는 안정적인 성장이 예상된다는 뜻이다. 따라서 투자 포인트는 아파

[그림 5-18] **울산시청 주변**

◁ 〰 ▷ **영향권**

자료: 네이버 지도

트와 연립·다세대주택 그리고 임대수익 창출에 유리한 다가구주택 혹은 리모델링을 통해 원룸·다가구주택으로의 전환이 가능한 단독 주택과 오피스텔이다.

　다음으로 창원시를 살펴보자. 창원시 아파트 매매가격은 2012년 6월 전고점 가격을 형성한 이후 약세를 보이고 있으나 수도권과 같은 큰 폭의 하락현상이 발생하지는 않고 있다. 또한 전세가격은 여

[그림 5-19] **창원시 아파트의 매매가격지수 및 전세가격지수 추이**

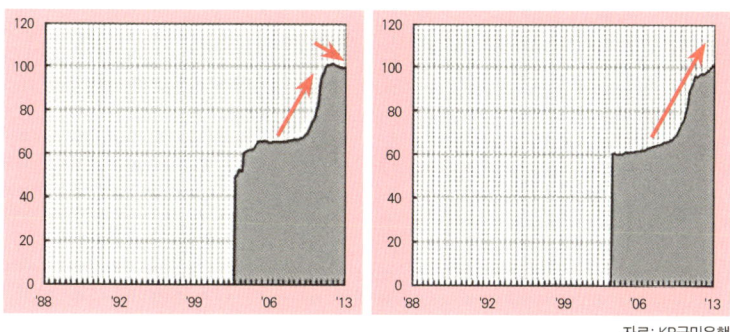

(ㄱ) 창원시 아파트 매매가격지수　　　**(ㄴ) 창원시 아파트 전세가격지수**

자료: KB국민은행

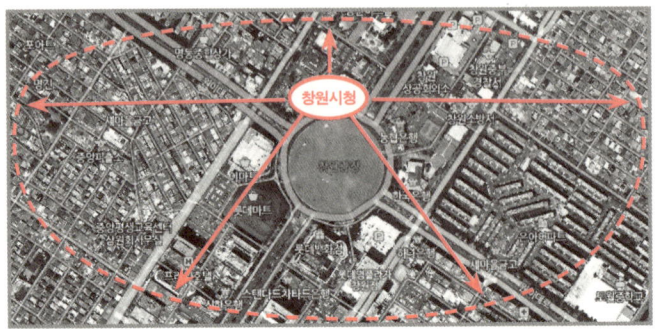

[그림 5-20] **창원시청 주변**

창원시청

영향권   자료: 네이버 지도

전히 강세를 보이고 있는 것으로 나타났다.

강력한 자족기능으로 양호한 소득흐름을 유지하고 있는 만큼 단
기간에 이루어진 과도한 상승으로 인해 발생한 거품의 일부가 제거
되는 수준을 넘어서는 가격하락 현상이 발생할 가능성은 높지 않다.

울산과 마찬가지로 아파트와 임대수익 창출에 유리한 다가구
주택, 혹은 리모델링을 통해 원룸·다가구주택으로의 전환이 가능한
단독주택과 오피스텔이 유망하다. 다만 창원은 종전의 창원, 마산,
진해가 통합돼 출범한 거대도시인 만큼 이전의 창원, 마산, 진해의
핵심지역으로만 투자범위를 좁히는 것이 바람직하다. 여러 가지 변
동 가능성이 높아 위험부담이 크기 때문이다.

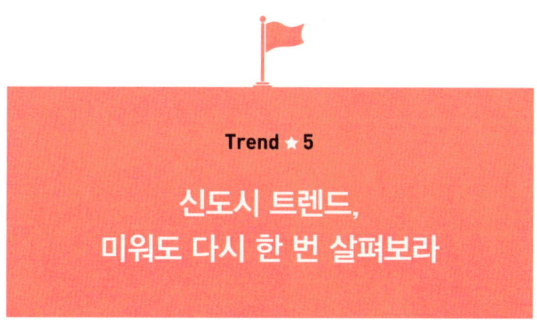

신도시는 부동산 시장을 이끌어온 중심 테마 중 하나이다. 신도시를 흘러간 추억이
라고 말하는 사람도 있지만, 꼼꼼히 살펴보면 다시 귀환하게 될 영광이라고 말하는
편이 타당하다.

수도권을 대표하는 신도시, 분당

분당신도시는 수도권을 대표하는 신도시다. 비록 바로 옆에 판교신도시가 들어서면서 다소 약화되긴 했지만 여전히 높은 시세를 유지하고 있다. 그러나 분당신도시 내 아파트 단지들은 글로벌 금융위기의 여파로 상당한 수준의 매매가격 하락이라는 고통을 감내해야만 했다. 이 같은 사실은 분당구 아파트 매매가격지수추이를 통해서도 확인할 수 있다.

그러나 과도한 매매가격 상승에 따른 거품해소 과정이 충분히 진행되었고 수직증축 리모델링 호재, GTX 성남역 입지에 따른 수

[그림 5-21] **분당신도시 내 분당구 아파트 매매가격지수 및 전세가격지수 추이**

(ㄱ) 분당구 아파트 매매가격지수 **(ㄴ) 분당구 아파트 전세가격지수**

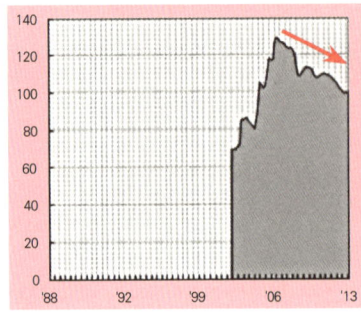 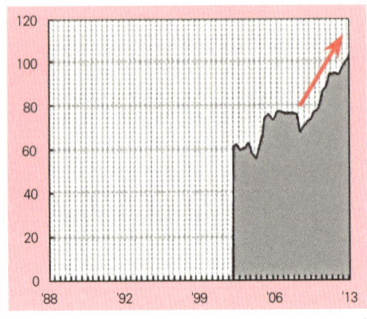

자료: KB국민은행

혜효과 등을 종합적으로 감안할 때, 구입자금에 문제만 없다면 이매동 쪽 리모델링 대상 아파트 단지인 이매동 아름마을, 한성 및 풍림·금강아파트 등 향후 GTX로의 접근성이 양호할 것으로 예상되는 아파트 단지를 적극적으로 노려보는 것도 좋은 선택이 될 것이다.

위에서 언급한 아파트 외에도 서현동, 야탑동 등 전통적으로 분당신도시 내 아파트 가격 강세지역 내에 입지하고 있는 아파트를 선별적으로 저가 매수하는 방법도 고려해볼 만하다. 다만, 지나치게 대형평수를 선택하는 것은 금물이라는 점, 상가는 신중하게 접근해야 한다는 점을 명심해야 낭패를 면할 수 있다.

대표적인 서울의 위성 도시, 평촌신도시

평촌신도시는 크게는 평촌, 산본과 함께 대표적인 서울의 위성도시인 동시에 작게는 과천의 변동에 따라 크고 작은 영향을 받는

[그림 5-22] **범계역·평촌역 주변**

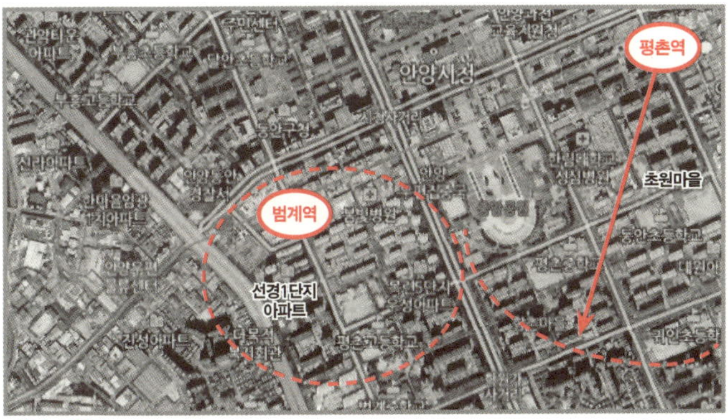

( ) 영향권

자료: 네이버 지도

신도시라는 특징이 있다.

평촌신도시 주요 아파트들은 전고점인 2007년 이후 매매가격이 장기하락하는 모습을 보이고 있다. 이에 비해 전세가격은 강세를 보이고 있는데 이는 매매수요가 전세수요로 전환됨에 따라 나타난 현상이다. 하지만 전세가격 강세현상이 지속됨에 따라 조금씩 저가매수세가 부동산 시장에 유입되는 모습을 보이고 있다. 이는 평촌 아파트 가격이 대략적으로 바닥을 확인했다는 인식이 서서히 확산되고 있음을 뜻한다.

따라서 이제 평촌신도시 내 아파트 매입을 검토해봐도 좋은 시점이 되었다. 투자대상은 철저하게 역세권 주변의 중소형, 즉 최대 $110m^2$(구 32평, 혹은 33평)를 초과하지 않는 아파트로 한정해야 한다. 이런 점에서 볼 때 범계역 인근 선경·목련마을, 평촌역 주변 초원마을과 학원가에 인접한 향촌마을을 주목해볼 필요가 있다.

여자가 행복해지는
여성친화도시를 주목하라

대한민국에서 여성의 역할은 갈수록 중요시되고 있다. 중앙정부를 비롯한 지방자
치단체까지 여성친화도시 구축을 위해 애쓰고 있는 이유다. 이는 여성친화적 요소
가 반영된 부동산을 주목해야 하는 이유이기도 하다.

여성친화 중심의 부동산 환경

여성친화도시란 여성과 남성 모두에게 동등한 참여와 혜택을
보장함으로써 일상생활에서 성별의 차이가 없도록 하는 지역을 의
미한다. 최근 들어 부쩍 여성친화도시라는 용어가 여기저기서 들려
오는데 사실 여성친화도시는 1970년대 이후 주요 선진 국가들이 여
성의 안전성, 접근성, 편리성, 쾌적성 등에 대한 요구를 도시에 접목
시키면서 본격화되었다.

우리나라에서 최초로 여성친화도시 개념을 도시에 접목시킨 곳
은 익산시이다. 2008년 익산시가 여성정책 중장기 발전계획을 수립

하면서 여성친화도시를 제안한 것이 계기가 되어 여성친화도시 개념이 대두되기 시작했기 때문이다.

여성친화라는 개념은 각 국가별로 조금씩 차이가 있을 수 있는데, 대한민국이 바라본 여성친화도시의 개념은 제1호 여성친화도시로 지정된 익산시가 지난 2009년 여성가족부와 맺은 '여성친화도시 협약서'에서 발견할 수 있다. 이에 따르면 여성친화도시란 '지역정책과 발전과정에 남녀가 동등하게 참여하고 그 혜택이 양성에게 고루 돌아가도록 하여 일상생활에서 성별의 차이가 없도록 하는 지역'이다.

다양한 방식으로 정의하고 분류할 수 있지만 여성친화도시가 갖추어야 할 요소는 다섯 가지로 추릴 수 있다. ①일과 가정의 양립 ②안전 ③편리 ④쾌적성 ⑤문화 등이다. 익산시는 이러한 요소를 구체적으로 실천해낸 대표적인 사례이다.

여성친화도시 익산의 성과와 나아갈 방향
시민을 배려한 공간 조성 모두가 행복한 도시 지향
여성친화도시 3년, 어떻게 달라졌나

여성친화도시로서의 익산시는 지난 3년 동안 여성과 아이, 가족이 함께 행복할 수 있는 도시의 모습을 그려왔다. 익산시는 공간에도 복지가 필요하다는 취지로 여성을 위한 배려 공간, 여성우선주차장을 선보였다. 이에 따라 '익산시 주차장 설치 및 관리 조례'를 통해 주차면수 30면 이상인 공영주차장은 일반 주차 구획선보다 폭이 20cm 넓은 여성우선주차장을 의무적으로 10% 이상 설치하도록 했다.

엄마와 아기를 위해서는 시청, 시립도서관(3개소), 쥬얼펠리스, 중앙체육공원 등에 수유실을 설치했으며 익산지역 공원 네 개소에서 38대의 유모차를 무상 대여해주는 서비스를 제공하고 있다. 이와 함께 가족친화형 정서를 추구하기 위해 공원 내에 가족이 함께할 수 있는 공간과 시설을 확대했다.

여성친화도시를 추진하면서 가족 커뮤니티공간으로 광장 겸용 바닥분수를 설치했고 휴식공간도 늘려나갔으며 꽃과 나무도 많이 식재했다. 유모차와 휠체어 이동을 위해 진입부 단차를 줄였고 어른들의 시선이 머무는 곳에 어린이놀이터도 조성했다.

익산시 공원은 휴식을 취하는 기능뿐만 아니라 축제의 장, 놀이의 장, 소통의 장으로 변모한 모습을 볼 수 있다. 또한 갈수록 여성들의 사회적 진출이 증가함에 따라 여성일자리 찾기를 활성화시켰다.

맞벌이가 당연시되는 사회가 됐지만 정작 가사와 육아 등으로 경력이 단절됐던 여성들의 구직이 쉽지 않은 요즘 익산여성새로일하기지원본부가 구직 여성들에게 큰 호응을 얻고 있다. 새일본부는 육아와 가사 등으로 경력이 단절된 여성을 대상으로 직업상담, 구인·구직관리, 직업교육훈련, 인턴십, 취업 후 사후관리 등 구직 여성들에게 실질적이고도 종합적인 지원을 해주고 있다. 새일본부를 통해서 2010년에는 1,104명, 2011년에는 1,272명이 취업했다.

여성의 경제활동 참여가 활발해지면서 일과 가정의 양립 여건을 조성하는 것이 지역발전에 큰 요소로 작용하고 있다. 익산시는 맞벌이 부부, 혼자서 아이를 키우는 싱글맘과 싱글대디를 위해 시간연장보육서비스를 시행하고 있다. 늦은 시간(24시)까지 아이를 돌봐주므로 일하는 여성이 직장을 그만두지 않고도 아이를 키울 수 있고, 특히 혼자서 아이를 키우는 싱글맘(대디)에게 큰 힘이 되어주고 있다. 익산시 어린이집 264개소 중 시간연장서비스를 제공하는 곳은 104개소(전체 어린이집의 39.4%)이고 이용 아동 수는 500여 명에 이른다.

자료 : 〈익산뉴스〉 2012. 5. 22

최초의 여성친화도시인 익산시가 다양한 시도를 통해 성공적으로 여성친화도시로 변모하고 있음을 확인할 수 있다. 선두주자인 익산시 외에도 2013년 1월 말 기준 우리나라에는 총 38개의 도시가 여성친화도시로 지정되어 있다. 물론 각 지역별로 여성친화도시 조성을 위한 사업들이 활발히 진행되고 있는데 주요 사업내용은 지역적 특성을 고려해 지정되었다. 예를 들면 경기도 안산시는 '안심귀가 동행 서비스'라는 사업을 안산시 자율방범대와 함께 추진하고 있으

[표 5-1] 2013년 1월 말 기준 여성친화도시 지정 현황

서울특별시	강남구, 도봉구, 서대문구, 마포구
부산광역시	사상구, 연제구
대구광역시	중구, 달서구, 수성구
인천광역시	동구, 부평구
광주광역시	동구, 서구, 남구, 북구, 광산구(광역모델)
경기도	수원시, 시흥시, 안산시, 안양시, 의정부시, 광명시
강원도	강릉시, 동해시, 영월군
충청북도	청주시, 제천시
충청남도	당진군, 아산시
전라북도	익산시, 김제시
전라남도	여수시, 장흥군
경상북도	영주시, 포항시
경상남도	창원시, 김해시, 양산시
제주특별자치도(광역모델)	

며, 서울시 도봉구는 '더불어 만드는 여성 건강마을'이라는 사업을
동북여성민우회 및 도봉여성센터와 함께 진행하면서 여성 건강리
더 양성 및 네트워크 구축을 적극 추진하고 있다.

여성의 역할이 점차 확대되고 있고, 여성의 참여가 절실한 상황
에서 여성친화도시는 부동산 가치와도 밀접하게 연결될 것으로 보
인다. 그러므로 현재 여성친화도시로 지정된 도시와 여성친화도시
로 변모해나가고 있는 지역들을 장기적인 관점에서 눈여겨볼 필요
가 있다. 더불어 여성친화도시가 갖추어야 할 중요 요소인 안전요소
에 부합하는 셉테드를 반영한 아파트 단지나 주택들 역시 적극적으
로 관심을 가져볼 만하다.

Trend ★ 7

똑똑한 여자라면
스마트 도시를 선택하라

필요한 모든 정보와 서비스를 원하는 시간에 원하는 장소에서 제공받을 수 있는 스마트 도시는 머지않은 미래에 부동산 시장을 좌지우지할 강력한 트렌드로 떠오를 것이다. 이렇듯 편리한 스마트 도시를 주목하지 않는다면 그것은 어리석은 행농이 아닐까?

스마트 도시가 경쟁력이다

스마트 도시 혹은 스마트 시티나 U-city(유비쿼터스 도시)라고 지칭되는 이 개념은 아직 정확하게 정립되지 않은 상태이다. 하지만 각각의 정의가 공통적으로 나타내고 있는 내용을 요약하면 IT인프라와 각종 정보서비스를 도시공간에 적용시킴으로써 양적·질적 측면에서 생활의 편리성을 제고하는 한편 현대사회에서 그 중요성이 나날이 커지고 있는 안전한 주거환경의 확보·복지체계 구축·신성상동력 창출을 가능케 하는 정보화도시라고 정의할 수 있다.

최근 들어 부쩍 스마트 도시가 주목을 받고 있다. 그만큼 스마트 도시가 우리 곁에 성큼 다가와 있기 때문이다. 이미 우리나라는 방범 CCTV를 통해 각 지역의 주거안전을 보장하고 있고 교통용 CCTV를 통해 차량흐름을 실시간으로 제공하고 있으며, 유무선 통신망을 통해 방범·교통·환경·재난 등과 관련된 다양한 데이터를 신속하게 확보하고 대처할 수 있는 수준에 어느 정도 도달하였다. 물론 이것이 스마트 도시의 전부는 아니다. 스마트 도시에 도달하려면 여전히 성취해야 할 것들이 많이 남아 있기 때문이다. 탄소배출 감소와 에너지절감에 기초한 저탄소 녹색성장 등 보다 다양한 도시 관련 정보서비스를 제공하여 삶의 질을 제고해야 하고 IT와 건설기술의 융합 역시 보다 활발하게 추진되어야 한다.

스마트 도시는 전 세계적 추세이다. 가까운 이웃나라 중국만 해도 '12·5계획(12차 5개년 계획)'을 발표하고 오는 2015년까지 총 3천억 위안(약 54조 원)을 투입해 320여 개 도시를 스마트 도시로 조성하기로 했다. 우리나라 역시 그 필요성을 절감하고 적극적으로 스마트 도시 확대에 나서고 있는 상황이다. 따라서 스마트 도시화는 향후 대한민국 부동산을 이끌 가장 확실한 트렌드 가운데 하나가 될 것이다. 이런 점에서 볼 때 조금 더 스마트 도시에 근접해 있거나 추진의지가 돋보이는 지역을 눈여겨보는 것이 바람직하다.

우리나라에서 최초로 스마트 도시화 노력을 기울인 지역은 지난 2008년 9월 준공된 동탄신도시이다. 동산신도시는 우리나라 최초의 U-city이다. 그 이후 판교신도시 역시 U-city로 개발되었고 이들 지역 외에도 지난 2012년 5월 정부는 인천광역시 송도신도시, 남양주시, 전주시, 영주시, 양산시, 부산광역시를 U-city 시범지구로

[표 5-2] **2012년 말 기준 스마트 시범도시 지정 현황**

연도	지 역
2009년	인천광역시 송도지구, 부산광역시, 서울특별시 마포구
2010년	전남 여수시, 서울특별시 마포구, 강원도 강릉시, 인천광역시 송도지구, 서울특별시 은평구, 경기도 안산시
2011년	전남 나주시, 경기도 남양주시, 전남 여수시, 부산광역시, 인천광역시 송도지구, 전북 전주시
2012년	경기도 남양주시, 경북 영주시, 경북 양산시,

자료: 국토해양부

지정한 바 있다.

2013년 기준 약 47개 지구에서 U-city가 계획 중이거나 추진 중이다. 우리나라가 적극적으로 추진하고 있는 스마트 도시의 또 다른 이름인 U-city는 정보기술의 발달에 따라 더욱 급속도로 확산되는 것은 물론 관련 산업규모 역시 빠르게 팽창될 것으로 예상된다. 미래 도시개발의 주요 패러다임으로 자리 잡을 것이라는 의미다.

U-city가 주요 패러다임이 될 경우 신도시 개발은 물론 도심재생사업(U-city 사업)도 갈수록 그 역할이 확대될 것이다. 이는 정부가 유비쿼터스 기술을 활용한 도시재생사업을 국가 차원의 전략사업으로 추진하고 있다는 사실을 통해서도 알 수 있다.

그렇다면 왜 여성들이 스마트 도시 혹은 U-city에 주목해야 하는 것일까? 이유는 지극히 단순하고 명료하다. 여성친화적인 도시가 바로 스마트 도시이자 U-city이기 때문이다. 초혼연령의 상승과 가구분화의 가속화로 1인가구가 급증하고 있는 현실을 감안할 때 방범 등 주거안전 문제에 가장 민감한 주체가 바로 여성이다. 뿐만 아니라 다양한 정보기술의 활용과 이에 따른 삶의 편리성 증대는 여성들의 사회경제활동 참여를 담보하는 가장 확실한 수단이기도 하다. 집 안에서 스마트폰이나 가정용 PC를 통해 출퇴근 버스의 도착 예정시간을 확인하는 것은 이미 진부한 이야기가 되어버렸을 정도다.

스마트 도시화가 더욱 진전되는 가까운 미래에는 영화나 드라마에서나 가능했던 일들이 보다 구체적으로 구현될 것이다. 퇴근시간에 맞춰 스마트폰으로 미리 적당한 온도의 목욕물을 받아놓는다거나 밥을 미리 해놓도록 하는 것은 물론 세탁기를 돌리고, 적당한 냉난방 온도를 설정해둠으로써 언제라도 쾌적한 주거환경을 유지할 수 있다. 지극히 개인적인 측면에서 본 스마트 도시의 예상도가 이 정도 수준이다. 아마 실제로는 이러한 상상력을 훨씬 뛰어넘는 편리한 도시가 건설될 것이다.

스마트 도시를 실현하기 위한 체계적 인프라가 잘 갖춰져 있고 보다 수준 높은 스마트 도시를 실현하기 위해 노력하고 있는 도시를 주목해야 하는 것은 당연한 일이다. 이런 점에서 정부가 지정한 U-city 시범지구를 특별히 주목할 필요가 있다.

최초의 U-city 동탄신도시와 기대주 동탄2신도시

동탄1신도시와 판교신도시는 U-city로 구축된 대표적인 신도시이다. U-City란 방범·교통·시설물관리 등의 공공서비스와 이를 운영·관리하기 위한 도시통합운영센터 기능을 갖춘 도시인데, 당연히 그 목적은 도시민의 안전하고 쾌적한 삶을 확보하는 데 있다.

우리나라 최초의 U-city로 조성된 동탄1신도시를 들여다보자.

동탄신도시 곳곳에는 CCTV가 설치되어 있고 이를 통합해 관리하는 U-city 상황실이 운영되고 있다. 이 상황실에서는 신도시 곳곳에 설치된 CCTV가 보내 오는 영상을 24시간 철저하게 모니터한다. 이는 범죄예방에도 큰 기여를 하고 있다. 이렇듯 주거의 안전성 측면에서 확실한 강점을 지니고 있기 때문에 동탄신도시의 아파트 가격이 나름의 경쟁력을 갖는 것이다.

[그림 5-23] **대한민국 최초의 U-city 동탄신도시 전경**

자료 : 네이버

그렇다면 동탄신도시 내 주택을 매입해 임대수익을 창출하는 전략은 어떨까? 나쁘지 않은 선택이다. 다만, 가격조정이 다소 이루어져야 할 필요성은 있다. 게다가 주변에 동탄2신도시가 자리 잡은 이후 가격변동이 상당할 것으로 예상되는 만큼 조금 더 부동산 시장의 흐름을 지켜보면서 매입 여부를 결정해도 늦지 않을 것이다.

그렇다면 주택 이외에 상가 등 수익성 부동산을 매입하여 임대수익을 창출하고자 하는 경우는 어떨까? 이 역시 좋은 선택이다. 2007년 입주 이후 7년 정도가 지나 이미 상권이 성숙기에 접어들었기 때문이다. 다만 오피스텔이나 근린상가를 매입하여 임대수익을 창출하고자 하는 경우라면 특히 옥석을 잘 가려야 한다. 반송동, 석우동 일원을 중심으로 하는 중심상권 지역과 그 주변지역에 관심을 갖고 꼼꼼하게 분석하여 선택하면 안정적인 임대수익을 창출할 수 있을 것이다.

동탄2신도시는 수도권에서 역대 최대인 2,400만m^2의 규모로 조성되는 수도권 제2기 신도시로 주거·업무·산업 기능이 어우러진 첨단자족형 복합도시로 기대를 모으고 있다. 인근에 삼성전자 등 최첨단 첨단지식산업기능이 집적되어 있고, 지구 내 테헤란로 수준의 업무시설용지(273천m^2), 테크노밸리(1,430천m^2), 동탄산업단지(1,972천m^2) 등이 입지할 예정이며, 직주근접성을 확보한 자족도시이자 KTX, GTX 등 뛰어난 광역 기간망을 갖춘 도시로 완성될 예정이다. 그런데 동탄2신도시를 주목해야 하는 이유가 한 가지 더 있다. 바로 동탄1신도시와 마찬가지로 U-city로 조성된다는 점이 그

[그림 5-24] **동탄2신도시 위치도**

자료 : 한국토지주택공사

것이다.

그렇다면 동탄2신도시에 대한 매입전략은 과연 유효할까? 답부터 말하자면 임대수익을 목적으로 장기투자를 원한다면 소기의 목표를 달성할 수 있을 것이다. 다만 동탄2신도시 아파트를 매입하고자 한다면 두 가지로 나누어서 접근해야 한다. 분양물량이 계속 나올 예정이기 때문에 신규청약을 하는 경우와 순차적으로 전매제한이 해제되는 기존 분양권을 매입하는 것 모두 가능하다. 기분양된 대원칸타빌, 신안인스빌, 호반베르디움, 대우푸르지오, 롯데캐슬, 반도유보라, 센트럴시티, 한화꿈에그린, 금성백조예미지, 계룡리슈빌, 센트럴자이, 우남퍼스트빌, 모아미래도, KCC스위첸 등이 1차적으로 관심을 가져볼 단지들이다.

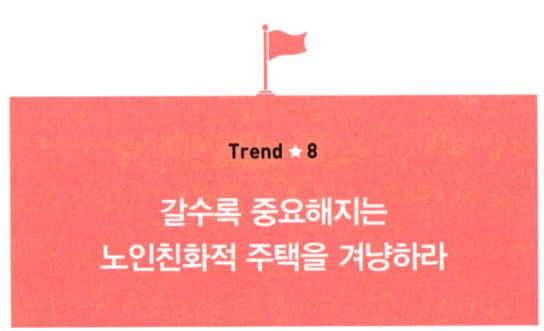

갈수록 중요해지는
노인친화적 주택을 겨냥하라

인구고령화가 가속화되면 노인친화적 부동산에 대한 수요는 더욱 증가할 것이다.
이는 노인친화적 부동산 상품이 곧 엄청난 위력을 갖게 되리라는 의미이기도 하다.

노인친화 트렌드에 부합되는 요건을 주목하라

우리나라는 현재 가파르게 노인국가로 변해가고 있다. 평균 결
혼연령이 늦어지는 한편 육아비 부담 등 여러 가지 경제적 요인으로
인해 신생아 출생률도 과도하게 낮아지고 있다. 그러는 한편 의학기
술의 발달로 평균수명은 꾸준히 증가하고 있으니 당연한 현상이다.

이러한 변화에 대응하기 위해 정부는 준주택의 하나로 노인복
지주택을 법제화한 바 있다. 노인복지주택이란 '노인에게 주거시설
을 분양 또는 임대하여 주거의 편의·생활지도·상담 및 안전관리 등
일상생활에 필요한 편의를 제공함을 목적으로 하는 시설'이라고 정

의되어 있다. 그렇다면 현재 국내 고령층을 위한 주택은 얼마나 공급되고 있을까? 안타깝지만 아직 제대로 된 노인주택을 공급하지 못하다시피 하고 있는 실정이다. 여기에는 여러 가지 원인이 있지만 가장 큰 원인은 아직까지 우리나라에서는 노인복지주택을 요양시설 혹은 복지시설의 하나로 잘못 받아들이고 있다는 점을 들 수 있다. 이로 인해 노인인구는 급증하고 있는 데 비해 노인인구가 좀 더 편리하고 쾌적하게 거주할 수 있는 주거공간의 확보는 미약한 실정이다. 이를 해결하기 위해 정부나 민간건설 회사 모두 시장의 욕구를 충족해줄 수 있는 방향으로 지혜롭게 대처해나가야 한다.

현 시점에서 무엇보다 시급한 것은 고령계층을 위한 주택을 마치 거동이 불편한 노인을 위한 복지시설과 동일시하는 사회적 인식을 바꾸는 것이다. 더불어 건강한 고령계층을 위한 시니어주택의 공급도 중요하다. 그러기 위해서는 고령계층이 생활하기에 편리한 다양한 유형의 주택을 공급해야 하는데 이러한 주택은 특히 생활의 편리성을 확보하고 있어야 한다. 한때 나이가 들어 은퇴하면 고향에 내려가 소일삼아 농사를 지으면서 한가롭게 생활하는 것이 모든 샐러리맨들의 꿈이던 시절이 있었다. 그러나 이제 시골은 노인들이 한가로운 노년을 보내기 위해 선택하는 곳이라기보다는 은퇴 이후의 두 번째 인생을 살기 위한 공간으로 탈바꿈해나가고 있다. 시골은 노인들이 생활하기에 편리하지도, 안전하지도 않기 때문이다. 노인친화적 주택이 보편화되면 머지않아 자식이 시골로 부모님을 모셨다고 하면 현대판 고려장이라고 질타하는 사회적 공감대가 형성될지도 모를 일이다.

바로 여기서 대한민국 여성들이 안정적인 월세수익을 창출할 수 있는 틈새를 찾을 수 있다. 고령계층을 위한 주택은 고령친화적 주택이어야 한다. 이는 철저하게 고령인구의 삶에 직접적인 혜택을 줄 수 있는 주택이어야 비로소 의미를 갖는다. 이런 점에서 WHO가 제시한 고령친화도시 가이드라인 8대 제시 모델을 참고할 필요가 있다.

[표 5-3]에 제시한 WHO의 고령친화도시 가이드라인 8대 제시 모델을 기초로 하되, 안정적인 임대수익을 확보하려면 조금 더 구체적인 실제 투자지침이 필요하다. 과연 어떤 주택이 곧 다가올 고령화사회에서 새로운 트렌드를 형성할 수 있을까? WHO의 8대 제시 모델을 안정적인 임대수익 창출에 적합하게 재정리하면 다음 네 가지 요소로 추릴 수 있다.

첫째, 대중교통의 편리성이 돋보이는 곳에 입지하고 있는 주택이어야 한다. '자가용이라는 편리한 교통수단이 있는데⋯⋯'라는 생각을 하기 쉽지만 고령인구에게 자가용은 또 다른 스트레스 요인으로 작용할 수 있다. 원하는 시간에, 원하는 목적지에 신속하고 정확하게 도착할 수 있는 대중교통, 특히 지하철(전철)망은 노인친화적 주택이 갖춰야 할 가장 중요한 조건 가운데 하나다.

둘째, 기존 주택에 비해 특히 의료·쇼핑·문화활동 등을 위한 다양한 생활기반시설이 잘 갖춰진 지역에 입지해 있어야 한다. 흔히 노인일수록 생활기반시설을 이용하는 빈도가 적을 것으로 생각하기 십상인데 그것은 오해에 불과하다. 젊은 사람들보다 노인들에게 더 생활기반시설이 필요하다. 생각해보라. 의료서비스를 받아야 하는

[표 5-3] **WHO 고령친화도시 가이드라인 8대 제시 모델**

8대 분야	기본 방향	하위 영역
① 안전 및 고령친화 시설 (Outdoor spaces and buildings)	야외 환경과 공공건물 등을 포괄하며, 도시기반시설의 안전성·편리성·접근성 향상으로 삶의 질 제고	해로운 외부공간 규정, 잘 정비된 안전한 녹지, 규칙적으로 정비된 휴식처(의자 등), 경찰의 순찰, 건물 접근성, 공중화장실 등
② 교통편의환경 (Transportation)	이용이 쉽고 저렴한 대중교통 편의환경 구축을 통해 고령자의 사회참여 및 의료서비스 접근성 제고	교통수단의 충분성, 교통수단의 신뢰성과 빈도, 목적지 교통 연계, 고령친화적 차량, 고령자 특화 서비스, 노약자 우대석 등
③ 주거편의환경 (Housing)	고령친화적 주거시설의 구조·디자인·위치·비용 및 공공서비스 설계를 통해 편안하고 안전한 삶 구현	고령자에게 적절한 비용, 수도·가스 등 필수서비스 제공, 화장실 등의 무장애 설계, 고령자에 맞는 주택개조·유지보수 등
④ 지역사회활동참여 (Social participation)	고령자의 가족·사회·문화 종교·어가활동을 위한 접근성, 행정·정보지원체계 구축을 통해 사회적 소속감 증대	사회활동 접근성, 무료·공개 행사 다양화, 지역행사 세대동참, 잘 정비된 참여시설, 행사 정보 제공, 고립 방지 등
⑤ 사회적 존중 및 포용 (Respect and social inclusion)	고령자 공공이미지 향상을 위해 초중등 교육내용 반영 및 대중언론매체 활용, 지역사회 내 고령자 욕구에 따른 역할강화 등을 통해 세대 간 통합 제고	고령자 선호에 따른 서비스, 고령자 이미지 제고, 정기적인 세대화합행사, 학교에서 고령자 내용 교육, 고령자 참여 강화 등
⑥ 고령자원활용 및 일자리지원 (Civic participation and employment)	고령자의 욕구에 따른 인적자원개발, 자원봉사 및 취업기회의 제공·확대를 통한 시민참여활동 독려 및 지역사회공헌 구현	자원봉사 기회 제공, 고용기회 확대, 고령자 직업훈련 기회 제공, 시민참여 접근성 확보, 각종 위원회 고령자 참여 등
⑦ 의사소통 및 정보 제공 (Communication and information)	고령자의 특성을 반영한 다양한 정보제공체계 구축 및 접근성 강화를 통해 사회적 활동 및 인간관계 활선하	다양한 정보제공, 욕구를 고려한 정보제공, 공식문서 등의 큰 글자, 쉬운 용어 사용, 고령자 정보도우미 배치 등
⑧ 지역복지 및 보건 (Community support and health services)	고령자를 위한 지역사회서비스 및 의료서비스의 충분성·적절성·접근성·질적 강화를 통해 고령자의 건강 및 자립 증대	지역적 분포에 따른 접근성, 충분한 묘지 확보, 재가노인복지서비스 제공, 전 연령대의 자원봉사체계, 긴급지원 등

자료: WHO, 서울특별시

빈도가 높은 계층, 좀 더 가까운 곳에서 편리하게 쇼핑이나 문화활동을 즐겨야 하는 계층이 젊은 층인지 아니면 노인 층인지를 말이다.

셋째, 노인 친화적 주택구조를 채택해야 한다. 노인은 주요 동선이나 활동공간에서 젊은 사람들과 차이가 나기 마련이다. 따라서 이러한 특성을 고려한 구조를 갖춘 주택일수록 노인계층의 선호가 집중될 것이다.

넷째, 이왕이면 다홍치마라고 했다. 생활의 편리성에 더해 친환경 주택이라는 요건까지 갖출 때 비로소 진정한 노인친화주택이라고 말할 수 있을 것이다. 소득이 줄어들거나 아니면 벌어놓은 돈만으로 생활해야 하는 노인계층에게 친환경 주택은 각종 공과금을 절약해주는 효자 노릇을 톡톡히 할 것이다.

사실상 아직까지 대한민국은 노인친화 측면에서 주택 부분은 불모지나 다름없는 상황이다. 이는 누구나 관심을 갖고 꾸준히 관찰한 다음 기준에 부합하는 주택을 구입하면 안정적인 수익을 확보할 수 있다는 뜻이기도 하다.

그러므로 지금부터 다양한 기반시설이 골고루 갖춰져 있으면서 지하철(전철) 접근성이 확보된 지역에 관심을 가져보기 바란다. 그 지역이 서울인지 아니면 수도권인지 혹은 지방인지는 중요한 문제가 아니다. 오로지 자신이 노인이라고 가정한 후 이 주택에 거주하면 편리한 생활을 할 수 있겠는지를, 충분한 삶의 질을 확보할 수 있겠는지를 놓고 분석하면 된다. 만약 이런 절차를 거친 후 스스로 긍정적인 생각이 든다면 그때는 과감하게 매입 의사결정을 내려도 좋다. 분명 다가올 가까운 미래에는 노인친화적 주택이 강력한 트렌드가 될 것이기 때문이다.

월세 부자 되기 Q & A

Q 부동산 과장광고에 속지 않을 방법이 있을까요?

A 부동산 과장광고는 참 문제가 많습니다. 아파트 단지 바로 앞에 지하철 역사가 들어선다는 광고만 믿고 아파트를 분양받았는데 도보로 이용하기에는 너무 먼 곳에 지하철 역사가 들어서 불편을 감수해야 하는 경우는 그래도 웃어넘길 수 있을 수준이라고 할 정도입니다. 개발계획에만 있을 뿐 언제 현실화될지 모르는 계획까지 마치 입주시점에 그 혜택을 누릴 수 있는 것처럼 광고한 내용을 보고 분양을 받았는데 막상 준공시점에 개발계획이 취소돼버리면 정말 눈앞이 캄캄해질 수밖에 없습니다.

위와 같은 과장광고에 속지 않기 위해서는 분양광고나 분양 관계자의 설명을 백퍼센트 신뢰하지 말고 해당 내용이 언제쯤 구체화될 예정인지를 검증하는 습관을 들여야 합니다. 예를 들어 개발계획이 있는 경우 그 계획 자체가 확정된 것인지, 아니면 취소될 가능성도 있는지를 꼼꼼히 따져봐야 합니다.

이 외에도 분양광고의 내용과 다르게 건축된 경우도 종종 문제가 되고 있습니다. 예를 들어 분명히 바다 혹은 산, 공원의 조망권을 확보할 수 있다는 광고를 믿고 분양을 받았는데 준공 이후 조망권 확보가 불가능하다는 사실을 발견한 경우나 분양 당시 설명한 내부 면적과 실제 면적이 다른 경우 등 문제의 종류도 매우 다양합니다. 그런데 이런 경우는 안타깝지만 준공이 완료된 이후에나 확인이 가능합니다. 따라서 분양을 받을 당시부터 분양 광고와 관련된 자료를 꼼꼼하게 챙겨두는 습관을 지녀야 합니다. 이렇게 챙겨둔 관련 자료로 건설회사로부터 손해를 보상받을 수 있기 때문입니다.

Q 단기임대와 장기임대, 두 임대의 장단점은 무엇인가요?

A 정상적인 임대라면 단기임대와 장기임대를 구분하는 것 자체가 사실 큰 의미가 없습니다. 왜냐하면 주택은 주택임대차보호법에 의해 임차인이 최소 2년의 기간을 보호받을 수 있고 상가 역시 상가건물임대차보호법에 의해 임차인이 최소 1년의 기간을 보호받기 때문입니다. 각각의 법은 최소한의 기간에 미달되게 체결된 계약은 최소한의 기간으로 본다고 규정하고 있어 임차인이 보호를 받을 수 있습니다. 즉 주택을 6개월 기간으로 계약했다고 해도 임차인이 원한다면 2년까지는 계약을 보장해주어야 한다는 뜻입니다.

다만, 단기임대 가운데 소위 '깔세'라는 것이 있는데 이 경우라면 통상의 임대, 즉 장기임대와 대비되는 단기임대로 구분해 비교할 수 있을 것입니다. '깔세'라는 용어를 아는 분도 있을 것입니다. 상가점포를 임차해본 적이 있는 임차인이거나 임대를 해본 임대인이라면 대부분 '깔세'를 좀 더 자세히 알고 있을 것입니다. 확실히 깔세는 여타 부동산의 임대차와는 상당한 차이가 있습니다.

첫째, 임대차 기간에 큰 차이가 있습니다. 정상적인 임대차인 경우 상가는 1년 이상, 주택은 2년 정도가 기본적인 계약기간입니다. 그러나 '깔세'는 부동산 시장에 존재하는 모든 형태의 임대차 가운데 기간이 가장 짧습니다. 계약기간이 보통 며칠 혹은 몇 주 내지는 길어야 수개월 정도에 불과하기 때문입니다.

둘째, 보통의 임대차는 임차인이 임대인에게 보증금을 지불하고 매월 월세를 지불하는 형태의 계약을 하지만 '깔세'는 보증금이 없고 일세, 주세, 혹은 월세만 지급하는 계약이 대부분입니다.

위와 같은 계약의 차이로 인해 단기임대인 '깔세'와 통상의 임대는 확실한 차이가 있습니다. 우선 '깔세'는 보증금은 없는 대신 하루 단위, 일주일 단위, 혹은 월 단위로 차임을 받는다는 장점이 있습니다. 임대인 입장에서 볼 때 통상적인 임대에 비해 높은 임대수익을 기대할 수 있다는 뜻입니다. 반면에 계약기간이 짧기 때문에 임대수익의 안정성 측면은 통상적인 임대에 미치지 못한다는 단점이 있습니다. 반대로 통상적인 임대는 임대수익은 '깔세'에 미치지 못하지만 임대수익 안정성은 그보다 높다는 장점이 있지요. 이러니 어느 한쪽이 다른 한쪽에 비해 유리하다고 따지는 것은 큰 의미가 없습니다.

마지막으로 보통 '깔세'는 가시성이 좋은 대로변 혹은 상권이 잘 발달되어 있는 일정 규모 이상의 상가에 집중되는 경향이 있습니다. '깔세' 임차인 입장에서 볼 때 높은 월세를 지불해야 하니 그만큼 자신의 영업활동에 용이한 곳을 찾는 것은 지극히 당연한 일입니다. 이는 부동산을 소유하고 있다고 해서 모두가 '깔세'로 임대를 놓을 수 있는 것은 아니라는 의미이기도 합니다.

남편보다 든든한
월세통장 만들기

원고를 다 쓰고 퇴고하며 찬찬히 다시 읽어보니 나 자신부터 반성해야겠다는 생각이 들었다. 솔직히 고백하자면 책에서 그토록 강조한 원칙을 필자 역시 충실하게 따르기가 쉽지 않은 게 사실이다. 그런 점에서 《남편보다 월세통장이 더 좋아》는 필자 스스로를 돌아볼 수 있는 기회를 준 고마운 존재이기도 하다.

　사실 모든 원칙을 잘 준수하면서 투자하기란 불가능에 가깝다. 투자를 둘러싼 환경이 원리원칙대로 잘 움직여주지도 않을뿐더러 자신이 투자한 자산의 미래가격 흐름이 불안한 모습을 보일수록 스스로가 금과옥조로 여기던 원칙에 대한 불신감이 커져서 자신도 모르는 사이 원칙에 위배되는 투자행태를 보이게 되기 때문이다.

　그러나 시장 환경이 어렵고 미래전망이 불확실할수록 더더욱 원칙에 부합하는 의사결정을 해야 한다. 그것만이 투자손실을 최소화하고 미래투자가치를 확보할 수 있는 유일한 방법이기 때문이다. 그때그때의 상황에 따라 단편적인 정보만 믿고 투자했다가는 실패를 면하기 어렵다. 이것이 이 책에서 투자의 원칙을 강조한 이유다. 필자가 제시한 원칙들을 꼼꼼하게 정리해두었다가 각자의 특성에 맞게 잘 활용한다면 실패하지 않는 의사결정을 내릴 수 있으리라 믿는다.

월세를 받는 데는 큰돈도, 어렵고 복잡한 과정도 필요하지 않다. 원칙을 따르고 부지런함만 갖추면 누구나 '남편보다 든든한' 월세통장의 주인이 될 수 있다. 2,000만 원을 투자해 매달 월세라는 이름표를 달고 자신의 통장에 쏠쏠한 금액이 입금되는 기쁨을 만끽하고 싶다면 이제 임대수익을 낼 수 있는 부동산으로 눈을 돌려보기 바란다. 그동안 부동산 시장에서 활동하며 겪은 필자의 다양한 경험과 사례를 풍부하게 책에 녹여내려 노력했기 때문에 이 책이 부동산을 어렵고 부담스럽게 느꼈던 여성들에게 큰 도움이 될 것이라고 자부한다. 또한 겉으로 드러나는 월세 자체에 주목하기보다 월세를 받기까지 어떤 준비가 필요하고, 안정적으로 월세를 받으려면 어떤 의사결정이 필요한지, 왜 임대수익이 여성친화적인지에 대해 자세히 소개하는 데 주력하였다. 그렇기에 감히 이 책은 여성에게 특화된 재테크 서적이라고 말하고 싶다.

아무쪼록 이 책을 부동산 투자를 위한 매뉴얼로 삼아 독자 여러분 스스로 자신에게 적합한 투자원칙을 정립하는 한편, 안정적인 소득흐름을 창출할 수 있기를 기원한다.

2000만 원으로 시작하는 부동산 투자

남편보다 월세통장이 더 좋아

초판 1쇄 인쇄 2014년 2월 21일
초판 1쇄 발행 2014년 2월 28일

지은이 김종선
지도 제휴 NAVER
펴낸이 이범상
펴낸곳 (주)비전비엔피 · 비전코리아

기획 편집 이경원 박월 윤자영 강찬양
디자인 김혜림 김경년
마케팅 한상철 이재필 김성화 김희정
관리 박석형 이다정

주소 121-894 서울특별시 마포구 잔다리로7길 12 (서교동)
전화 02)338-2411 | **팩스** 02)338-2413
홈페이지 www.visionbp.co.kr
이메일 visioncorea@naver.com
원고투고 editor@visionbp.co.kr

등록번호 제313-2005-224호

ISBN 978-89-6322-065-9 13320

· 값은 뒤표지에 있습니다.
· 잘못된 책은 구입하신 서점에서 바꿔드립니다.

「이 도서의 국립중앙도서관 출판시도서목록(CIP)은 서지정보유통지원시스템 홈페이지(http://seoji.nl.go.kr)와
국가자료공동목록시스템(http://www.nl.go.kr/kolisnet)에서 이용하실 수 있습니다.(CIP제어번호: CIP2014003705)」